青少年爱读的

TUIDONG SHEHUI FAZHAN DE SHANGYE JUZI

推动社会发展的商业巨子

陈刚 编

黄河水利出版社

图书在版编目(CIP)数据

推动社会发展的商业巨子/陈刚编.—郑州:黄河水利出版社,2016.8 (2021.8 重印)
(青少年爱读的)
ISBN 978-7-5509-1546-6

Ⅰ.①推… Ⅱ.①陈… Ⅲ.①企业家—生平事迹—世界—青少年读物 Ⅳ.①K815.38-49

中国版本图书馆CIP数据核字(2016)第219331号

出版发行:黄河水利出版社
社　　址:河南省郑州市顺河路黄委会综合楼14层
电　　话:0371-66026940　　邮政编码:450003
网　　址:http://www.yrcp.com

印　　刷:三河市人民印务有限公司
开　　本:787mm×1092mm　1/16
印　　张:11.25
字　　数:180千字
版　　次:2016年8月第1版　2021年8月第3次印刷
定　　价:39.90元

目　录

拯救美国经济的天才——凯恩斯

全　名：约翰·梅纳德·凯恩斯
国　籍：英国
生卒年：**1883～1946**年
地　位：现代西方经济学最有影响力的经济学家之一

像许多伟大的金融家一样，凯恩斯在大事上十分大胆，敢于冒险使用大量资金以支持一个论点。但在小事上，他非常保守。一次，凯恩斯和一个朋友在阿尔及利亚首都阿尔及尔度假，他们让一群当地的小孩为他们擦皮鞋。凯恩斯付的钱太少，气得小孩们向他们扔石头。他的朋友建议他多给点钱了事，而凯恩斯回答道："我不会贬抑货币的价值。"

优秀的少年

约翰·梅纳德·凯恩斯出生于1883年，他的父亲约翰·纳维尔·凯恩斯是一个著名的经济学家。小时候，因为家族传统，凯恩斯所受的教育是维多利亚式的。他从小就是一个出众的孩子。4岁半时，凯恩斯就已经开始思索利息的经济意义了；6岁时，他就开始探索自己的脑子是如何运作的；7岁时，他经常和父亲讨论一些问题，他的父亲曾说凯恩斯是个"十分有趣的伴侣"；凯恩斯14岁时获得了奖学金，进入伊顿中学读书。在学校，他表现得非常出色，学业成绩总是名列前茅，获奖无数，他甚至已经超过一般的青年才俊。他在学校还是个令人敬畏的辩论家，他喜欢跟人争论，而且总是辩论到底，他的辨识能力已经远远超过了他的年龄。

从伊顿中学毕业后，凯恩斯又进入剑桥大学国王学院。在那里，剀恩斯同样是一位惹人注目的人物。他是英国当时最前卫的知识圈布伦斯柏雷圈内的核心分子，马歇尔希望他当一个专业的经济学家，而马歇尔的继承者庇古教授更是每星期都要请凯恩斯吃一次早饭，和他讨论一些问题。大学毕业后，凯恩斯打算去待遇较高的铁道公司或信托公司工作，但是未能如愿。于是，他参加了公职人员的会考，成绩名列第二，但出人意料的是，他引以为豪的经济学这门课的分数却是最低的。凯恩斯对此这样解释："考官知道的可能比我少。"1907年，考上公职后的凯恩斯被派往印度事务局任职。但是他不喜欢这个职位，因为做个公务员与他的初衷相违背。2年后，他实在无法忍受平庸的生活，于是他把大部分的时间和精力都花费在了数学论文的初稿上。不久，凯恩斯辞职回到了剑桥。在剑桥，凯恩斯如鱼得水，他的研究工作极为成功。由于他的研究成果倍受推崇，所以他受聘出任了英国最有影响力的经济刊物《经济杂志》的编辑。在这个职务上，他前后工作了30年。

总统的红人

1919年，凯恩斯创做出版了《巴黎和约的经济后果》一书后，更是名声大噪。1923年，《货币改革协议》一书出版，再度引起人们的积极关注，罗斯福总统就此和凯恩斯交谈，并且说："我跟凯恩斯交谈很高兴，我非常喜欢他。"1930年，凯恩斯又推出了他的力作《货币论》，这是一本十分精彩的书。书中所探讨的问题"为什么经济的运作总是如此不平稳"引起社会讨论，而凯恩斯的观点也赢得了社会的赞同。

1934年，凯恩斯来到了华盛顿，他向罗斯福总统提出了应该"扩大公共投资计划"的主张。凯恩斯认为当前必须采取这种行动，他希望政府开支可以作为支援大众购买力的一种"刺激"，即"将水倒入抽水机中，使其能产生吸力"。凯恩斯的计划是在1929年10月，美国那个可怕的黑色星期四之后提出的，正因为有了他，美国经济又从地狱回到了天堂。罗斯福总统采纳了凯恩斯关于"扩大公共投资计划"的意见。1936年，美国政府的开支增加到150亿美元，同时，私人投资在政府的干预下略有起色，它大约补救了2/3的损失。1936年，美国私人公司的投资约为100亿美元。在经过了政府3年的“注射”之后，美国国民总收入与国民总消费额上升了50%，失业问题也减少到了可以控制的水平，这些成绩毫无疑问应归功于凯恩斯的头脑和智慧。

凯恩斯的新思维集中反映在他在1936年出版的《就业、利息和货币的通论》(下文简称《通论》)一书，这本书在经济学理论上有了很大的突破。在书中，凯恩斯批判了“萨伊法则”，反对放任自流的经济政策，明确提出国家直接干预经济的主张；突破了传统的就业均衡理论，建立了一种以存在失业为特点的经济均衡理论；把国民收入作为宏观经济学研究的中心问题；用总供给与总需求的均衡来分析国民收入的决定；建立了以总需求为核心的宏观经济学体系，以及对实物经济和货币进行分析的货币理论。

伟大的英国人

凯恩斯是一个闲不住的人，他总是兴致勃勃地同时做着几件事情。就在构思《通论》的时候，凯恩斯还着手在剑桥兴建了一座剧院，这是典型的凯恩斯式投资。凯恩斯在这里身兼出资人和收票员两职，而且他还在剧院的附近开了一家餐厅。对餐厅的菜单，凯恩斯总是亲自过目，并且根据消费者的不同需求进行改进。除餐厅外，剧院中还有酒吧，酒吧的香槟特别便宜，借以促进更广泛的消费，这也可以说是凯恩斯经济思维的一个体现。

1937年，凯恩斯的身体状况突然恶化，他患了心脏病，不得不休息下来。不过，闲不住的凯恩斯是不肯向疾病屈服的，虽然他生病了，但仍坚持工作，继续编辑《经济杂志》，并写了几篇精彩的文章，为他的《通论》辩护。第二次世界大战爆发时，凯恩斯的病情继续恶化，他已经不能再担任任何公职了，但是政府仍然在财政部为他准备了一个房间，希望他的才华仍能服务于国家经济。这时的凯恩斯已经写出了另一本书《如何支援战争》，书中他提出了一个更为大胆的计划，他敦促以延期偿付储蓄金的办法，作为支援战争的主要手段。其实，凯恩斯的这个计划很简单，那就是国家的每个人都必须拿出薪金的一部分自动地投资于政府公债，等到战争结束之后，再把补偿金返还给个人。而当社会需要消费者的购买力时，储蓄证明则随时都可以兑换成现金。但因为凯恩斯的观点太过超前，他的主张这次并没有被当局完全采纳。

1941年，凯恩斯飞往美国商讨英国战时的财政危机问题。虽然他疾病缠身，但仍主持了布列顿森林会议。在会上，他提出的方案因为比较接近美国的构想，而不适合英国，所以他的主张没有全部被会议接受。作为一个成功人士，国家和社会都给了凯恩斯荣誉，他被授予爵位，爱丁堡大学、巴黎大学苏朋学院，以及母校剑桥大学都要给他荣誉学位，等等。

1946年一天的早上，凯恩斯突然咳嗽不止，等到妻子赶到身边时，他已经去世了。

美国举国上下都沉浸在悲痛之中。《泰晤士日报》在当年4月29日所发表的一篇长篇讣闻中说："由于他的死亡，我国损失了一个伟大的英国人。"

用生命来谱写的浪漫乐章——可可·香奈尔

全　名：可可·香奈儿
国　籍：法国
生卒年：**1883～1971**年
地　位：她创造了妇女时尚的新纪元，是著名香水品牌"香奈儿**5**号"的开创者

在欧美，典雅的香奈儿时装，不仅是很多上班族女性的首选，也是总统夫人和明星名媛们的追求。

巴黎是当今时装之都，引领着世界时装的潮流。但在20世纪初期，巴黎的服装还是一番死气沉沉的景象，即便是社交界的贵妇，也总是穿着镶满花边与褶皱的衣服，这样的衣服里三层、外三层，沉闷而缺少生气。这时，一位清丽而具有想象力的女性，为巴黎时装带来了一股美丽的改革风，她就是被誉为"巴黎时装女皇"的可可·香奈尔。

逃出孤儿院

香奈尔出生在法国，她的童年并不幸福。父亲是个小批发商，她出生后不久，父亲就遗弃了她们母女。她和母亲相依为命，在她6岁那年，一场大病夺去了母亲的生命。香奈尔成了一个孤儿，被送进了当地教会办的孤儿院。她不喜欢孤儿院与世隔绝的孤苦生活，一天夜里，她翻出院墙逃离了孤儿院，逃到一个叫穆兰的小镇上，开始了她的独立生活。

她来到一家小缝纫店，自幼就能剪会裁的香奈尔，在缝纫店里如鱼得水，有了用武之地。工作之余，她常常别出心裁地在服装上搞出一些小革新，翻出一些新花样，虽然只是小小的改革，却时常引起小镇上妇女们的关注，这位穷姑娘竟成了人们竞相效仿的时髦女郎。

童年的不幸没能掩盖香奈尔的美貌，随着岁月的推移，她已长成了一位亭亭玉立的美人：乌黑的头发，玲珑的身材，楚楚动人的眼睛，小而坚挺的鼻子和一张任性的嘴巴。她的美丽，融会了俏皮和孤高自赏、自由自在的个性。她衣着朴素，很少装饰，通常只穿藏青色上装和白色衬衣，这同20世纪初花枝招展的世风相比，更显得别具一格，不同凡响，处处渗出解放女性的巾帼豪气。

25岁时，香奈儿遇到了第一位情人耶田·巴桑，一位热衷于骑术的中产阶级绅士。受巴桑的影响，香奈尔很快成了一名美丽的女骑师。1910年，香奈尔和一位年轻的英国人邂逅并相爱，他名叫亚瑟·卡保，朋友们叫他“童子卡保”，他既是一位马球运动员，又是年轻的实业家。香奈尔认为“他不只英俊，而且相当优秀”，香奈尔爱卡保的一切，她曾多次说过，这是她一生唯一爱上的男人。然而，香奈尔并不满足于无所事事的情妇生活，在情人的资助下，她开始了自己的事业。

时尚界的毕加索

香奈尔的事业是从“头”做起，她不平凡的一生始于一家属于自己的女帽店。1912年，《时装杂志》以完整篇幅报道了香奈尔的帽子，并请来年轻的明星示范，使这位默默无闻的小帽商立刻在巴黎这个时尚之都显露锋芒。1913年，香奈尔到法国南部的滨海胜地杜维尔开设了第一家时装店。香奈尔凭借天才的敏感，推出第一种女装款式——针织羊毛运动装，作为妇女户外活动的休闲装，香奈尔将这种源于板球运动装的简朴造型奉献给时装界。

一开始，这一设计并没有被大多数人接受，甚至颇遭非议，但她无视舆论，常常在杜维尔穿着这样的羊毛衫，配上简单的褶裙，骑马散步。这里面其实表现了香奈尔一个强烈的意愿，她十分反感女人是男人的“花瓶”的说法，她说：“要把妇女从头到脚摆脱矫饰”，要“创造一个年轻的形象。”而事实上，社会生活方式的改变，使得原本风行的波烈式宽大拖沓的服装，已不适宜更多的社会活动。香奈尔用水手装和水手裤替代女长裙；她用质地薄软的内衣面料，创做出诺曼底渔夫式的套装；她把男装稍加修改，配以一个恰到好处的饰针，便成为新颖的女时装。

香奈尔的创造力是具有爆炸性的，她本人的衣着举止亦为世风之源。据说，有一次天气骤冷，香奈尔借了情人的马球套衫穿，束了腰，卷起袖，这种偶尔的装束竟成为时髦一时的“香奈尔”装。战争给杜维尔带来更多的阔佬，很多有钱人经常光顾她的时装店，她的时装店不久就扩展成大公司。香奈尔终于闯入了法国时装界这个高傲无情的领地，她的时装和她本人一样销魂蚀骨地迷住了那个时代。

1919年，战争结束时她已是出名的时装师了。这个苗条而生气勃勃、有温柔嗓音的女时装设计师已深受巴黎人的喜爱。香奈尔的服装减少了束缚，显得坦率而自由，上衣多为宽松直线形外套，裙子为齐膝短裙，不再刻意去强调胸部和臀部的曲线。她经常故意去掉花哨的装饰，她的毛呢无腰3/4长外套，简朴得仿佛男装。她主张造型线条简洁、朴实、舒适自如、色彩单纯、素雅，她喜欢黑、白两色，她的两件套装，被视为经久不衰的时代风格。

1920年，巴黎一家报纸撰文道：“这是一位令人惊愕的天才，她的服装富有女性美的艺术，是匠心独运的充分展示。”香奈尔改变了时装的概念，使服装艺术真正迈入20世纪。她自己说：“我使时装的观念前进了1/4世纪，我凭什么?因为我懂得如何解释自己的时代。”1920年到1924年，香奈尔已享誉全球，她的计沙龙在巴黎坎朋街31号开业。这时的香奈尔已是20年代时装界的“女王”，其公司是巴黎最重要的公司之一。

此外，她还别具一格地制造了“大框架太阳镜”，“香奈尔服装”配上这些配件，更是锦上添花，增添了不少魅力。这些服装和配套物品，在今天看来十分寻常，但在当时无异于一场革命。香奈尔大胆地构想，执着地追求，终于用自己这种脱俗的设计风格，为巴黎时装界开拓出一片明朗的新天地。那时候，从上班族到总统夫人，都以拥有一套真正的“香奈尔服装”为荣。

1939年9月，因第二次世界大战爆发，香奈尔关闭了她的时装店，隐居在她的寓所。战争结束后，她悄悄地离开巴黎，在瑞士度过了8年自我放逐的生活。1953年，她回到巴黎，重操旧业，开始了她第二时期的设计生涯，这时她已经是70岁的老妪了。当时时装界的巨星迪奥正以他轰动一时的“新造型”服装成功地控制着欧美大陆。人们都在注视着香奈尔能再度带来些什么，因为她已被法国人视为法国的纪念物，留存在了记忆当中。1954年2月5日，在没有多少的喝彩声中，她郑重发布了香奈尔战后复出的第一个时装系列。果然，巴黎新闻界的反应十分冷淡，甚至有些刻薄。她辉煌的声望、耀眼的名气都已成为过去。复出的惨败并没有使她退却，发布会后她立即着手下一个系列的设计。这时，美国市场向她敞开大门，她的设计虽然是直线造型的继续，却依然获得了妇女们的青睐。在“迷你裙”盛行期间，香奈尔仍坚持自己的风格，决不提高下摆。她的设计没有戏剧性的长短变化，但有一种令人尊敬、信赖的精巧和理解。这个阶段的主要设计是令人难忘的两件套装，无领夹克和镶边装饰，手感柔软的格子呢，配上数串珠子项链，以及黑、棕色的浅口皮鞋。她又成为巴黎崇拜的对象，每个妇女都喜欢香奈尔装，她的套装被成批生产，也被女量仿制。香奈尔复出的成功，战胜了年龄和怯懦，这是时装设计师中绝无仅有的，是她传奇一生中最富有光辉的晚年。

这位大师不仅凭借智慧和灵感，更多的是依靠实干和锲而不舍。香奈尔一旦工作起来，便要求完美无瑕。她说：“当你开始工作，就必须继续下去，如果你不用心去做，你将一事无成。”她常常为周末中断工作而生气：“我的生活是一个长久的战斗。”一日投入战斗，她就全神贯注，就能忘记一切，忘记魔鬼，忘记害怕，忘记孤独，甚至忘记死神。1971年1月10日，香奈尔独自为即将到来的时装发布会工作到很晚，凌晨时她服用了安眠药来促进睡眠，却从此再也没有醒来。她穿着喜欢的套装，戴着项链，带着她的机智和俏皮长逝了，结束了她传奇的一生，终年88岁。从21岁开始，香奈尔追求新颖服饰，她创造了一个理想的女性形象。30岁以后，当她的构思基本成熟后，她便不喜欢更多的变化，仅在面料、装饰细节方面，向时间和年龄让步，她是20世纪伟大的时装大师。

精灵的天空——皮尔·卡丹

全　名：皮尔·卡丹
国　籍：意大利
生卒年：1922年～
地　位：皮尔·卡丹商业王国的创始人

皮尔·卡丹建立了一个属于自己的商业王国。他曾风趣地说："我能够喝我自己生产的酒，到我自己的剧院看演出，在我自己的餐馆里就餐，在我自己的饭店里睡觉，穿我自己生产的服装，用我自己品牌的香水……"

那么，究竟是什么成就了皮尔·卡丹的商业王国呢？

小时候几乎流浪乞讨

1922年，皮尔·卡丹生于意大利的威尼斯，父母原来依靠种植葡萄来勉强养家糊口，家庭生活并不宽裕。不太忙的时候，他们还到山中开冰，赚些外快。第一次世界大战破坏了他们的生计，战争这部无情残酷的机器榨尽了这个苦苦支撑的家庭最后一点生存的力量。父亲不得不带着妻儿举家移居法国，以求在异国他乡找一口饭吃。

由于家庭贫困，小卡丹没受过多少正规的教育。很小的时候，小卡丹就带着一只破箱子，骑着一辆十分破旧的自行车，一个人到巴黎去谋生。在路上，小卡丹弄丢了父亲给的仅有的一点钱，以致他到了巴黎后身无分文。站在繁华的街头，看着车水马龙，人来人往，小卡丹感到自己是多么的孤单和无助。等待他的似乎是流落街头,乞讨为生的悲惨命运了。幸运的是,小卡丹找到了工作,他成了一家服装店的学徒。从此以后,他便与服装结下了不解之缘。他后来回忆说:“我是从头到尾学这个行业的。我喜欢把一件衣服从头做到尾,从画图、剪裁、缝纫、试样到销售。”

这些习惯显然是少年时当学徒留下的爱好。

其实,皮尔·卡丹对服装裁剪有着与生俱来的兴趣和天分。7岁时,小卡丹曾在草地上拾到过一个布娃娃,那是富家小姐丢弃的。小卡丹抱着布娃娃回家,从母亲的针线篮子里找来了碎布和针线,在昏暗的油灯旁,精心为布娃娃缝制小裙子。他缝缝拆拆,拆拆缝缝,直到满意为止。这条小花裙成了皮尔·卡丹一生中设计的第一件裙子,也预示了他以后的人生道路。

从小裁缝到大富豪

1947年,皮尔·卡丹在迪奥公司担任大衣和西服部的负责人,迪奥曾是皮尔·卡丹的领路人。1950年,皮尔·卡丹用全部的积蓄在里什庞斯街买下了“帕斯科”缝纫工厂,并租了一个铺面,独立开办自己的公司,并很快成了举世闻名的服装设计巨匠。皮尔·卡丹在服装设计上有着超乎寻常的才能,仅两年工夫,他的手艺就已经超过了他的师傅。尽管没有受过多少教育,也没有受过艺术气氛的熏陶,他却常常能设计出一些款式新颖的服装,很受当地小姐们的青睐,不时有人上门请他专门设计女装。皮尔·卡丹非常喜欢新奇高雅、款式多样的舞台服装。为了开阔自己的视野,他开始研究各种舞台服装的样式,白天在裁缝店工作,晚上到当地一个业余剧团当演员,以积累亲身体验。

1953年,皮尔·卡丹在巴黎举办了一次别开生面的时装展示会,并大获成功。没过几年,他设计的系列男装便占领了法国男装市场的半壁江山。在服装业中取得辉煌的成功之后,皮尔·卡丹又把目光投向了新的领域。1970年,他在巴黎创建了“皮尔·卡丹文化中心”,里面设有影院、画廊、工艺美术拍卖行、歌剧院等,成为巴黎的一大景观。而今,皮尔·卡丹已成为全球最畅销、最知名的一个品牌。

从一个小裁缝走向亿万富翁,皮尔·卡丹创造了一个商业传奇。他的传奇在于他的奋斗历程，从几乎一无所有、赤手空拳地打拼，到成为世界顶级服装设计大师；他的传奇还在于让高档时装走下高贵的T型台，让服装艺术直接服务于老百姓。他的传奇在许多人看来是他的商业成就，因为世界上几乎没有像皮尔·卡丹这样的先例，集服装设计大师与商业巨头于一身，皮尔·卡丹的商业点遍布世界各地。他近年来的成就在于他的社会活动，他完成了许多职业外交家所无法完成的功绩，为世界各国人民的相互了解与和解做出了巨大的贡献。

皮尔·卡丹与中国的渊源

皮尔·卡丹和中国的渊源十分久远，他和中国的接触甚至颇具戏剧性。1976年，皮尔·卡丹先生应邀参观中国工艺品展览，被其中的一幅长城挂毯展示的雄浑气魄所吸引，他立刻要求买下这幅挂毯，皮尔·卡丹至今仍把它挂在自己的办公室里。

这个故事虽有很大的偶然性，但实际上，皮尔·卡丹非常向往东方古老而又丰富的文化，他和中国的交往也是必然的结果。

1978年，中国尚未摆脱“文化大革命”的阴影，外国人尚无法自由出入，唯一的办法就是团体旅游。于是，皮尔·卡丹让自己公司的雇员组成了一个旅游团，他和雇员们一起造访了中国。他第一次登上了长城。应该说，皮尔·卡丹当时还无法设想中国随后的巨变，更谈不上在若干年内回收投资的商务计划。他完全是怀着对中国人民的友好感情来到中国的，他坚信历史上热爱美好的中国人一定会需要了解世界的时装，今后也一定会欣赏，他为此做出了巨大的努力。这是皮尔·卡丹与其他商人的不同之处，也许这正是他的高明之处。通过宋怀桂女士在北京民族文化宫举办了第一次仅限于专业人士参加的服装表演。后来在，1981年，他又在北京饭店举办了首次面对普通观众的服装展示会，从而在中国开创了服装表演的先河，在中国服装发展史上留下了他光辉的名字。1983年，皮尔·卡丹投资数百万美元在北京开办了巴黎马克西姆餐厅，把一个具有百年历史的豪华西餐厅“克隆”到北京。当时，西方国家的媒体普遍认为他准是疯了，因为在月收入只有几十块人民币的中国，办高档西餐厅无异于商业上的自杀。但是在皮尔·卡丹眼中,商业盈利并不是最重要的,至少开始时不是,他是要把法国的餐饮文化介绍到中国,开办一个社交沙龙。令皮尔·卡丹没有想到的是,中国人以极大的好奇和友善,欢迎同样来自意大利的“20世纪的马可·波罗”。皮尔·卡丹的名字很快在中国变得家喻户晓、妇孺皆知。据当时调查,皮尔·卡丹和普拉蒂尼是最为人知的法国人,声望远在法国总统之上。

1985年,皮尔·卡丹在北京可容纳一万名观众的工人体育馆和上海文化宫举行了服装表演,被中外媒体盛赞。同年,他又出资请了12名中国著名模特到巴黎表演,引起极大的轰动,欧洲和法国8大媒体都以头版报道了这条消息。1990年,在国际形势不利于中国时,皮尔·卡丹仍在亚运会期间在故宫太庙前举行大型服装表演,又创造了一个第一的纪录。他说过“作为一个法国人,我不能认为我比中国人更了解中国。我相信中国人的智慧,我对中国的未来充满信心。”

皮尔·卡丹在中国的大宗生意是在他首次访华10年后,即1988年开始的。他同意大利的著名服装生产厂家GFT集团合作,在天津开设了西服生产厂,在中国大量生产皮尔·卡丹品牌的国际质量标准的服装,投向中国市场。皮尔·卡丹西服在中国曾被认为是最好的西服,成为成功企业家的标准装束。皮尔·卡丹不以盈利为第一目的,首先给中国人民带来了真诚无私的友谊、交流和互助,他的生意在中国也就很快地水到渠成,瓜熟蒂落,得到意想不到的结果。一分耕耘,一分收获,对于中国人民来说,皮尔·卡丹是一个久经考验的老朋友,他以独特的热情和充沛的精力在欧亚大陆之间架起了友谊的桥梁。

播撒阳光的大亨——朱利叶斯·路透

全　名：保罗·朱利叶斯·路透

国　籍：德国

生卒年：**1816～1899**年

地　位：世界上最早的通信社的创办人

路透年轻时在他叔父开的银行里帮忙，一次，他到数学家高斯家去取款。路透在回到银行仔细清点钱数时，发现高斯多给了300马克，这在当时是一笔不小的数目。路透赶忙返回高斯家，恭敬地告诉高斯他给错钱了。高斯当时正在工作，头也没抬地大声说："我是知名的数学家，就这么一点小小的数目，怎么会算错？况且我已经把钱交给你很久了，你现在还跑来跟我说数目不对……我们早已银货两讫、互不相欠了。"当然，最后路透还是将多出来的300马克还给了高斯。路透拥有诚实的心性，心中一片坦荡，这是他取得成功的重要原因之一。

早年的经历

1816年，保罗·朱利叶斯·路透生于德国一个中产阶级知识分子家庭，父亲是犹太教牧师，因为牧师是犹太人的精神领袖，所以路透从小过着礼教森严的生活。路透的两位伯父，一位是大学教授，一位是著名学者。出生在这样的书香门第，本应走上学者之路，路透却更有志于经商。路透十几岁时父亲就去世了，他在叔父开设的银行跑腿。这个白手起家的德国人单枪匹马闯荡天下，当过沿街叫卖的小贩，当过推销员，最后建立了世界闻名的通信社——路透社。“路透”此名是其28岁在柏林放弃犹太教、改奉基督教时所创。

1848年年底，一个身材矮小的犹太青年造访了巴黎的哈瓦斯通信社的社长，他正是朱利叶斯·路透。之前，路透在普鲁士创办了一家出版社，但因为普鲁士政府对舆论的压迫日渐严重，出版社难以维持，因此他来到巴黎想找个工作维持生计。他希望哈瓦斯通信社能提供给他一个职务。当时，路透掌握了英、法、德三门语言，哈瓦斯正是看中了这一点，遂聘请他搜集、翻译欧洲各地的新闻。哈瓦斯当时丝毫也没有料到，这个落魄的外国青年后来竟成为自己最强有力的竞争对手，并成为“现代新闻报道的先驱”。

几个月后，路透发现那些被译成法文的欧洲新闻在法国财经界、政界大受欢迎，他决定单干，自己另起炉灶办了一家通信社，专门提供国外消息。当时通信社的条件并不是很好，所有事务都在路透公寓的起居室里处理。社长、总编、翻译、编辑、印刷工人、校对、通信、收发等，都由路透一人兼任。路透夫人除·了帮助翻译，还要誊写和做饭。当时，有位朋友对设在公寓里的这家通信社作过一番记述：“走进路透潮湿的起居室，首先进入眼中的是，发了霉的窗帘和壁炉中未燃尽的炭火，吃剩的饭菜抛在木炭灰上。一看就能想象他们进餐时的匆忙模样。壁炉旁零乱地堆放着纸张，天花板上破烂不堪，挂满蜘蛛网。屋子中央放张大办公桌，桌子底下还搭了个狗窝……看到这一切，一种凄凉感油然而生。”路透每天把一大堆法文报刊浏览一遍，从中挑出适合德国人口味的政治和财政金融消息。夫妻二人就这样从早忙到晚，一直坚持到夏天，但他们在某一天突然搬走了。紧接着，在哈瓦斯工作的沃尔夫也突然去向不明。

两个月后，也就是1849年10月1日，普鲁士政府架设的从柏林到亚琛之间的电报线正式投入商业使用。亚琛位于德国与比利时的交界处。哈瓦斯听到这一消息，认为有利可图，立刻派人前往调查。叫他大吃一惊的是，电报线的两端竟然分别被人捷足先登了。抢了哈瓦斯生意的正是他从前的两个部下：沃尔夫垄断了电报线的柏林端，路透占据了亚琛那一端。他们都从哈瓦斯的通信社里学会了那个新闻铁律：速报就会有销路。

为了给商户平等的机会，路透想出了个新方法，他把订户召集到一间大房子里，同时宣布消息，受到当地订户的一致好评。这时，巴黎到布鲁塞尔之间也架设了电报线,从柏林到巴黎之间的新闻传递竞争中,如果路透想走在其他同行的前头,就必须想办法加快亚琛到布鲁塞尔之间的传递速度。当时的火车平均时速只有十几公里,从亚琛到布鲁塞尔的170公里路程要花9小时。路透果断地转而选择了信鸽。每天下午,驻布鲁塞尔的“记者”们把股票交易所的收盘价格和巴黎最后的电报一式3份,绑在3只信鸽腿上放回亚琛。在亚琛,路透夫妇和他们13岁的儿子及一个工作人员,捉住鸽子,取出行情复写一份供当地订户用,另一份通过电报发给柏林。1850年,两条电报线之间170公里的空白被填补起来了,路透又一次面临挑战,他的速报体系已经毫无作用了。路透开始考虑新的出路。

现代新闻报道的先驱

1851年盛夏,路透夫妇来到英国伦敦。他计划以这个“日不落帝国”的首都为基地,把出售新闻的买卖扩展到世界的各个角落去。在亚琛一年的快讯业务中赚的钱,仅够买卖开张的费用,而生活和经营资金都还没着落。

1851年10月14日,路透的一家不大的“电报办事处”在伦敦皇家交易所一号正式营业了,除了社长路透,办事处只有一个12岁的工作人员。路透首先通过刚刚铺设的英法海底电缆,搜集欧洲大陆的金融消息,然后在伦敦把消息编成“路透社快讯”对外发售。他的服务对象包括交易所、银行、股票商、投资公司及贸易公司。路透此时决心把自己的顾客由金融贸易界扩大到报界。1858年的俄土战争,继而是下一年爆发的克里米亚战争,这些都给路透显示自己的通信网提供了机会。路透通过自己在东欧和黑海沿岸地区的通信网,顺利地收到了每天的战争消息。然后他马上派人到交易所宣布这些消息,甚至赶在《泰晤士报》前面。1856年,路透的小通信员第一个把英法联军攻下塞瓦斯托波尔要塞的消息带到交易所,宣布完这一好消息后,人们把小通信员抬到高椅子上,并从四面八方往他手中塞钱,把他弄得手足失措。到了这个时候,路透向《泰晤士报》展开了攻击。

1858年一天的早晨,路透走进《广告晨报》总编辑詹姆斯·格兰特的办公室内。路透介绍了他的通信网,以及他能够通过同欧洲各个政府的关系,迅速弄到欧洲的政治经济消息，并提议用低于电报费的价格向《广告晨报》提供消息。等格兰特点了头，路透接着为他算了一笔细账，指出少花的金额数目，并且可以由《广告晨报》免费试用两周。格兰特听后，马上接受了这个建议。临走前，路透回头对格兰特说："如果您也和《泰晤士报》一样拒绝我的建议，那么我真要打算放弃这个通信社了。您接受之后，其他报纸也会仿效的。这样看来，两个星期的免费服务还是划算的。"路透毫不做作的爽朗和异乎寻常的坦率，大概是促使格兰特接受他建议的极重要的心理因素。接下来的局势发展真如路透估计的，除了《泰晤士报》之外，伦敦所有的报纸都开始采用路透社的电讯稿。路透社的工作效率把各家报社派出的记者远远抛在后面。最后《泰晤士报》也不得不与路透社签订合同。攻下这个最顽固的堡垒之后，路透社已经在英国新闻界完全站稳了脚跟。

美国林肯总统遭到暗杀后的第二天上午一点半，路透社驻华盛顿记者麦克林弄到林肯私人秘书的采访记录。但是，当天开往英国的轮船已经启航。麦克林不顾一切地赶到海港，雇了一条拖轮，好不容易才追上那班轮船，把那条独家新闻装在木盒子中扔到轮船的甲板上。11天后，轮船到达英国，路透的通信网马上播发了这篇新闻。当时，这条新闻只有一家报纸发了一则短讯，而路透社却发了一篇介绍暗杀现场的详尽报道。第二天，伦敦各报，包括《泰晤士报》都全文转载了路透社的报道。

1871年9月，路透的故乡，德国卡塞尔的领主晋封他为男爵，但是路透在社内职工面前仍然如发迹前一样，经常深夜出现在编辑室里，轻轻叫醒打瞌睡的夜班编辑后，再和颜悦色地离去。每年圣诞节，路透总要把职工和他们的家属请到自己家里设宴招待，自己也参加圣诞晚会，和职工热闹一番。后来这就成了路透社的传统，一直流传到今天。1875年，60岁的路透退休了。他留给继承人的是一家世界性通信社，有人说，路透社应该算是通信版的"英帝国"。

让牛仔裤走遍世界——李维·施特劳斯

全　名：李维·施特劳斯

国　籍：德国

生卒年：**1829～1902**年

地　位：他不仅是第一个发明牛仔裤的人，而且他创立的著名品牌“**Levi's**”，在全世界所有的牛仔裤品牌当中，是最老的百年长青之树漂亮的时装

正是因为千差万别，才吸引了人们的眼球，所以很少有经久不衰的款式。只有牛仔裤是一个例外，从1853年诞生到今天，它仍然风靡世界。这帅气干练的牛仔裤的来历还有一段很有趣的故事呢。

在淘金人身上“淘金”

1829年，李维·施特劳斯出生于德国的一个小职员的家庭。作为德籍犹太人，李维·施特劳斯天资聪明，顺顺利利地上完中学、大学后，他当上了一个文员。1850年，关于美国西部发现了大片金矿的消息传遍了欧洲大陆，每个人都做起了淘金的美梦，尤其是那些干劲十足的年轻人，脑袋里霎时充满了一夜暴富的希望与幻想。李维·施特劳斯也不例外，他跃跃欲试地辞去了小文员的工作，随着如潮的人们涌向了北美，大陆西部那人迹罕至的不毛之地。可事实并不像预期的那么好，到处都是淘金的人群，到处都是帐篷，淘金者为了买一点日用品不得不跑很远的路。当李维·施特劳斯看到这些，他决定不

再做那个遥不可及的金子梦，还是踏踏实实地定下心来，开一家日用品小店，不再从土里淘金，而是从淘金人身上开始自己新的梦想。不出所料，小店的生意很不错，来光顾的人络绎不绝。

一次，他又乘船外出采购了许多日用百货和一大批搭帐篷、马车蓬用的帆布。日用百货很快被抢购一空，但帆布却无人理会。

尽管他极力叫卖推销帆布，并不惜降价销售，但由于淘金者他们都已搭好了帐篷，谁也不会费钱费力再去搭第二个，眼看帆布要赔本了。忽然，一位淘金工人迎面走来，双眼盯着帆布。李维·施特劳斯连忙高兴地迎上前去，热情地向他兜售，那工人却摇了摇头，提出了一个让李维·施特劳斯为难的要求，他需要一条像帐篷一样坚硬耐磨的裤子。

工人告诉他，淘金的工作很艰苦，衣裤经常要与石头、沙土摩擦，棉布做的裤子不耐穿，几天就磨破了。而帆布十分耐磨，为什么不能做成裤子呢?李维·施特劳斯灵机一动，用卖不出去的帆布做出了式样新奇而又特别结实耐用的棕色工作裤，向矿工们出售。

1853年，第一条日后被称为“牛仔裤”的帆布工装裤就这样在李维·施特劳斯手中诞生了。牛仔裤结实、耐穿、穿着合适，获得了当时西部牛仔和淘金者的喜爱。

帆布虽然结实耐磨，却又厚又硬，不但穿着不舒服，而且无法设计出各种美观合身的款式，式样太单调。李维·施特劳斯对帆布做的裤子其实并不满意，他开始寻找新的面料，法国人涅曼发明的一种蓝白相间的斜纹粗棉布给了他灵感，这种布做牛仔裤非常合适，兼有结实和柔软的优点，面料问题从此解决。

同时，李维·施特劳斯发现淘金工人常常要把沉甸甸的矿石样品放进裤袋，裤袋线很容易崩断。当地的裁缝在修补时用黄铜铆钉钉在裤袋上方的两只角上，这样就可以固定住裤袋。裁缝雅各布就此向李维·施特劳斯提出了建议，他高兴地接受了。他给牛仔裤加上了黄铜铆钉，同时还在裤袋周围镶上了皮革边，这样更加帅气和实用，牛仔裤就此定型。

老辣的推销秘诀

很多人都非常熟悉“Levi's”的经典商标，商标上画着一条工装裤的裤腰两边各拴着一匹马，马头朝着相反的方向，每匹马身旁都有一个人在扬鞭催赶。图形上方写着“唯一获得铆钉加固专利的工装裤”；下方写着：“撕不开就是撕不开”，意思是两匹马使劲拉也撕不开牢固的工装裤。作为一个优秀的商人，李维·施特劳斯注意改进工装裤面料和式样的同时，也非常注重用广告的方式宣传产品，这个图形商标就是他为了使牛仔裤能被人一下子辨识出来而注册的。

1890年，李维·施特劳斯又推出了最经典的李维501系列，直到今天，它依旧是李维的拳头产品。广告中，李维·施特劳斯用了一个很特别的方式表现出501的特性，直到今天，这个广告依然是出色的。没有多余的介绍，画面上只有一个吊在空中的练习拳击用的硕大的沙袋，乍看，你真不知它和牛仔裤之间会有什么“瓜葛”。不言而喻，拳击沙袋是一个挨打的对象，它一定要经得起千锤百炼的考验才能傲然屹立。但这个沙袋是特殊的，它右边加了一个红色的标签，而这个标志最初是被镶在牛仔裤臀部的口袋边上用来做其品牌标识的，最后一句铿锵有力的广告语揭开了谜底：“李维501，天生抗打磨。”这个广告充分表现出李维牛仔裤的品质就像这个拳击沙袋一般，任凭你打磨、捶打，依然坚固耐磨，品质如初。

起初，为了方便淘金工人活动，“Levi's”工装裤是短裤。后来为了防止蚊虫叮咬，李维·施特劳斯又把短裤改为长裤，并设计成西班牙牧童短档瘦腿裤的款式，缝制时用走明线和钉铆钉的方法增强裤子的结实度，又起了装饰效果。这种牢固耐磨的裤子勾勒出了淘金工人结实有力的线条，使他们显得特别豪爽和神气，当他们进城休假时，这种装束引来了不少人羡慕的眼光，于是“Levi's”工装裤开始在更多职业的人们中流行。尽管取得了如此巨大的成就，但李维·施特劳斯依然很勤奋，他多次深入矿区，仔细观察淘金工人的劳动特点，根据亲自观察到的第一手资料不断改进牛仔裤的面料和款式，希望它能在更多的人群中流行。

此后，由于耐穿、方便和式样美观、别致，“Levi's”工装裤不再是淘金工人的专用服饰，而成为美国社会中受到大众欢迎的一种时髦服装。然而，由于它是从淘金工人的衣着发展过来的，是给劳动阶层穿的，尽管受到普通民众的追捧，可始终没有得到上流社会的认可，说它是“庸俗和下流的”服装。在很长一段时间里，“Levi's”工装裤只是一种难登大雅之堂的非正式穿着。李维·施特劳斯为扩大产品的影响，更是不断改进、创新，付出了毕生的努力，他最大的希望就是让牛仔裤被更多的人所接受。但当他1902年去世时，牛仔裤尚没有被普及，也没有被所有的人接受。他的下一代继承了他的敬业、创新精神，运用出色的广告策略，通过好莱坞影星、西部牛仔影片的影响力，终于把“Levi's”工装裤推向了全世界。1976年美国200年国庆之际，牛仔裤作为美国人对人类服饰文化的贡献，被送进了迈阿密的国家博物馆，载入了美国史册。

国际金融领域的杀手——乔治·索罗斯

全　名：乔治·索罗斯

国　籍：匈牙利

生卒年：**1930**年～

地　位：他既是一位超级资本家，又是股市天才、业余哲学家和慈善家，是一位可以影响世界经济的人物

1997年亚洲金融风暴后，在一些亚洲人的心目中，这场灾难的始作俑者索罗斯绝对是一个十恶不赦、道德败坏的家伙！但是，索罗斯自己却不这样认为，他说："我是一个复杂的人，在世界一些地区，我以迫使英格兰银行屈服和使马来西亚人破产而出名，即作为投机者和魔鬼而出名。但在世界其他地区，我被视为'开放社会'的捍卫者。"

崭露头角

1930年，乔治·索罗斯出生于匈牙利布达佩斯。他的父亲是一位世界语学者，母亲是犹太富商的独生女，他们对索罗斯的成长影响极大，索罗斯曾说过自己以父亲为师，信奉母亲的哲学。作为一名犹太人的后裔，索罗斯曾一度为自己的血统感到不自在，直到他成名后才坦然接受这一现实，并宣称为自己的犹太血统而自豪。

第二次世界大战爆发后，德军于1944年占领了匈牙利，对犹太人进行残酷的屠杀，索罗斯一家因躲藏在地窖里而幸免于难。1945年，他回到学校读书。1947年秋天，索罗斯只身前往英国。1949年，他进入伦敦经济学院学习，在那里，结识了对他影响至深的卡尔·波普尔。索罗斯仅用两年的时间就念完了全部课程，但按照学校的规定，他必须再待一年才能被授予学位，这一年他从师于波普尔，把波普尔《开放的社会及其敌人》一书熟读于胸。“开放的社会”成了索罗斯日后哲学探索的核心观念，并成为他追求的理想。1953年，他获得学位后到北英格兰的一家精品生产公司做手提袋销售员。之后，他到辛格佛利兰德银行工作，自此踏入了金融界。

1956年，索罗斯带着5000美元来到美国纽约，进入F·M梅叶公司工作，做套利交易员。索罗斯显露了他的才华，开办了一种新的套利业务，设法使投资者在正式分割许可之前就可以买入单个种类的证券。这一招果然奏效，生意源源不断，索罗斯为公司赚了不小的一笔钱。1960年，欧洲经济复苏，索罗斯凭着经验和直觉，加上少量的信息为机构投资者进行投资分析。他发现德国许多银行持股组合价值远远高于总资本额，于是，他指出德国联合保险公司价值被大大低估了。不久，联合保险公司股价涨了3倍，索罗斯因此名声大振。

1967年，索罗斯在华尔街建立了第一期海鸥投资公司。1969年，他用自己的25万美金建立第二期海鸥投资公司获得成功，吸引了许多美国富豪的投资。1970年，索罗斯与助手罗杰斯从爱华德公司辞职，建立索罗斯基金管理公司。公司很小，二人为了能扩充基金，每周工作80小时。1972年，索罗斯预见到粮食危机，便买进肥料、农业设备和谷物加工公司股票，从中获利颇丰。

1974年，索罗斯大量买进国防类股票，接着，世界几次大的局部战争使军火生意大增，索罗斯又赚了一笔。1972年5月28日，《华尔街日报》头版刊登报道，强光照在索罗斯身上，文章标题这样写道：“逆势表现，证券基金回避流行做法；苦战华尔街，财源滚滚来!”1980年底，索罗斯的公司资产达3.81亿美元。1981年，索罗斯被《公共机构投资者》杂志称为“世界上最大的金融经营者”。

1982年，索罗斯的公司与吉姆·马凯斯经营的IDS进取公司合并，合并后的公司实力更为强大。1984年底，索罗斯把注意力转向英国，1985年因里根政府实行美元贬值命令，索罗斯又大量购买马克和日元，一夜之间赚了4000万美元，公司资产达到10.03亿美元，1986年底发展到15亿美元。1994年，索罗斯公司管理着110多亿美元的资产，索罗斯成为世界金融界的大亨、全世界金融巨头。

金融杀手

1992年以来，欧洲货币市场发生了微妙的变化，英国经济持续衰退，欧洲货币都盯在德国马克上。索罗斯买下了5亿美元的英国股票，通过良好的信用，他以10亿美元作抵押，借了50亿英镑。然后不动声色地按1:2.79的比率把英镑换成了马克。9月15日，索罗斯决定大量放空英镑。英镑对马克的比价一路狂跌，虽有消息说英格兰银行购入30亿英镑，但仍未能挡住英镑的跌势。到傍晚收市时，英镑对马克的比价差不多已跌至欧洲汇率体系规定的下限，英镑已处于退出欧洲汇率体系的边缘。到了9月16日，英国政府彻底失败，退出了欧洲汇率体系。尽管在这场捍卫英镑的行动中，英国政府甚至动用了价值269亿美元的外汇储备，但还是以失败告终，英国人把这一天叫作“黑色星期三”。随后，意大利和西班牙也纷纷宣布退出欧洲汇率体系。意大利里拉和西班牙比塞塔开始大幅度贬值。索罗斯成了这场袭击英镑行动中最大的赢家，他的照片登在了各大杂志上，被《经济学家》杂志称为“打垮了英格兰银行的人”。在这一年，索罗斯的基金增长了67.5%，他个人也因净赚6.5亿美元而荣登《金融世界》杂志的华尔街收入排名榜的榜首，这个纪录一直保持至今。

接着，索罗斯把下一个目标瞄准了东南亚，掀起了一场轰动世界的亚洲金融危机。20世纪90年代初期，西方发达国家正处于经济衰退的过程中，东南亚国家的经济却出现奇迹般地增长，但亚洲各国正处于泡沫经济带来的狂热和兴奋之中，并没有冷静地预估形势，没有发现自身经济体制的漏洞，这一点，被敏锐的索罗斯察觉到了。随着时间的推移，东南亚各国经济过热的迹象日渐突出，虽然中央银行采取不断提高银行利率的方法来抑制通货膨胀率，但这是一把双刃剑，这种方法也提供了很多投机的机会，银行本身也加入投机者的行列。这就造成了一个严重的后果，各国银行的短期外债剧增，一旦外国游资迅速流走各国金融市场，将会导致令人痛苦不堪的大幅震荡。其中，以泰国最为严重,当时泰国在东南亚各国金融市场的自由化程度最高。1997年6月,索罗斯下令索罗斯基金组织开始出售美国国债,以筹集资金扩大索罗斯大军的规模。6月下旬,索罗斯下令向泰铢发起了猛烈进攻。东南亚金融市场狼烟四起,泰国的经济尤其一片混乱。虽然国际社会多方营救这场金融危机,但泰铢贬值引起的负面效应迅速波及东南亚及其他各国货币,也威胁到美国资金会入债券市场。为此,索罗斯购买了100亿美元的美国政府债券,当10月底股市大跌时出售手中债券,大赚一笔。索罗斯是金融危机的始作俑者,是真正的国际大炒家,是二位可以影响世界经济的人物,人们开始叫他"金融大鳄",在一些亚洲人的心目中,索罗斯甚至是一个十恶不赦、道德败坏的家伙。

的确,他是一个复杂的人,让人无法猜透,与索罗斯在金融市场的无情杀戮相比,他又是一个慈善家、哲学家,他曾获得的代顿和平奖,是根据1995年签署的旨在结束波黑内战的代顿和平协议而命名的。仅在2000年,索罗斯旗下的援助波黑基金会就为波黑的教育、卫生、社会发展等领域投入了近5亿美元的资金,还把2亿5000万美元奖金捐献给波黑的重建事业。他还将自己的钱,建立了一个基金会,专门用于贫困学生的上学问题。这就是索罗斯,人们永远无法预料到他的下一步又会是什么,是高扬和平旗帜,还是又一次让世界震惊、民众遭殃的"大地震",但是无论如何,他都是我们这个世界最伟大的投资家之一,并带给我们更多深层次的思考。

与钢铁有个约会——安德鲁·卡内基

全　名：安德鲁·卡内基

国　籍：美国

生卒年：**1835～1919**年

地　位：钢铁业巨人卡内基与洛克菲勒、摩根并立，是当时美国经济界的三大巨头之一

一位苏格兰人，从一文不名的移民到堪称世界首富的“钢铁大王”，而在功成名就后，他又将几乎全部的财富捐献给社会。他捐赠款额之巨大，足以与死后设立诺贝尔奖的诺贝尔相媲美。从一个贫穷的少年变成乐善好施的巨富，卡内基富有传奇的一生，简直就是《天方夜谭》里的故事。

捕捉机遇的勤奋少年

1835年11月25日，安德鲁·卡内基出生于苏格兰古都丹弗姆林。父亲以手工纺织亚麻格子布为生，母亲则以缝鞋为副业。父母为人正直，始终充满着积极进取的精神，卡内基的祖父是个性情开朗、机智幽默、不屈不挠的人。安德鲁·卡内基作为长孙，是以祖父的名字命名的，他从小就崇拜他的祖父，并以拥有他的名字而倍感自豪。他的外祖父是个天生的雄辩家，也是个富有才智的政治家，是当地颇为活跃的政治领袖。或许是祖辈遗传基因的作用，

卡内基自小就乐观向上，能言善辩。13岁那年，怀着对美国的憧憬，卡内基和家人移居到美国东海岸的纽约港，后辗转来到匹兹堡，在亲戚家安顿下来。父母辛苦劳作，缝织桌布、餐巾，沿街叫卖，挨门兜售这些产品，来供给这个家庭的生活。尽管有卡内基和弟弟汤姆的帮忙，但一家人每周的收入也不过区区5美元，日子过得十分清苦。

为了给父母分忧，卡内基到一家纺织厂当童工，微薄的周薪只有1美元。后来，他又挑了两份挣钱稍微多一点的工作：在油池里浸纱管和烧锅炉。油池里的气味令人作呕，灼热的锅炉使人汗流浃背，但卡内基还是咬着牙坚持干下去。卡内基白天劳累一天后，晚上还参加夜校学习，课程是复式记账法会计。这段时期他所学的复式会计知识，成了他后来建立巨大的钢铁王国并使之立于不败之地的法宝。1849年冬天的一个晚上，卡内基上完课回家，听到了姨父带来的一个消息，匹兹堡市的大卫电报公司需要一个送电报的信差。他立刻意识到，机会来了，于是，他鼓足勇气，一个人来到面试地点。主考官上下打量了一番这个矮个头、高鼻梁的苏格兰少年，问道："匹兹堡市区的街道，你熟悉吗？"

卡内基语气坚定地回答："不熟，但我保证在一个星期内熟悉匹兹堡的全部街道。我个子虽小，但比别人跑得快，这一点请您放心。"主考官满意地笑了："周薪2.5美元，从现在起就开始上班吧！"就这样，卡内基谋得了这个差事，迈出了人生的第一步。在短短一星期内，卡内基实现了面试时许下的诺言，熟悉了匹兹堡的大街小巷，两周后，他还摸清了郊区的路径，很快获得了公司上下一致的好评。一年后，他晋升成为管理信差的负责人。

当年的匹兹堡不仅是美国的交通枢纽，还是重要的物资集散中心和工业中心。在这座实业家云集的城市里，电报作为先进的通信工具，起着极其重要的作用。每天走街串巷送电报的卡内基就像进了一所无形的"商业学校"，他熟悉每一家公司的名称、特点、从事的行业以及优势所在，了解各公司间的经济关系及业务往来，这使他在日后的事业中获益匪浅。卡内基在回顾这段时期时，称之为"爬上人生阶梯的第一步"。

知恩图报行善举

卡内基在跑腿送电报之余，很想多读点书来充实自己，可是，家境贫穷，根本没有多余的钱买书。有一天，报纸上的一条消息吸引了他：退役的詹姆士·安德森上校愿意将家中所藏400册图书借给好学的青少年们，每逢周六可以到他家借一本书，一星期后归还，可再换借另一本。

这令卡内基欣喜若狂，备受鼓舞，于是，他找到上校的家，借到了自己心爱的书。从此每到星期六，他都能和一个崭新的知识世界接触了。后来，上校眼看借书的少年日益增多，决计办一个私人图书馆，他到纽约添够了各种书籍，扩大了自己的书斋，又向市政府借了一间房子，成立了一家真正的图书馆。

卡内基从安德森图书馆里借到了许多好书，养成了喜爱读书的习惯，只要一天不看书，就觉得心神不宁。安德森使他在人生的黄金时期有了读书的机会。后来卡内基事业成功时，为了报答安德森先生的帮助，在其私人图书馆的原址，盖了大会堂和图书馆，并立碑纪念这位恩人。

难言的奋斗之路

1853年，卡内基18岁时，已经熟练地掌握了电报技术，宾夕法尼亚州铁路公司西部管区主任斯考特正是看中了这一点，以35美元的月薪，聘他去当私人电报员兼秘书。他欣然答应，怀着强烈的上进心走进了这个更为广阔的世界。在宾夕法尼亚铁路公司的10余年中，卡内基凭着自己的勤奋和机灵，24岁就升任该公司西部管区主任，并逐步掌握了现代化大企业的管理技巧。与此同时，他也抓住时机，参与投资，而且频频得手，慢慢积累了原始资本，为他以后开办钢铁企业奠定了一定的经济基础。

1865年4月，南北战争结束，战争带来大量的机会。29岁的卡内基已经小有成就，但是他并不满足，他觉得眼下是创造一番辉煌事业的好时机了，他打算另立门户，自主创业，便向宾夕法尼亚州铁路公司提出了辞呈。在辞职之前，卡内基曾带人修桥补路时，就常常思考能否用铁桥代替木桥。当时的匹兹堡虽然钢铁工厂很多，但都还只是处在起步阶段。1862年，他与几个朋友创立了建造铁桥的公司。1863年，南北战争中的军舰已经成为一股强大的军事力量，卡内基机警地意识到：帆船时代已经过去了，钢铁时代即将到来。辞职之后，他来到欧洲，到伦敦考察了那里的钢铁研究所，果断地买下了道茨兄弟发明的一项钢铁专利，还买下了焦炭洗涤还原法的专利，他认为，这两项专利会带来源源不断的财富。

卡内基的理想正在慢慢实现，他的工作也日益繁忙，正当他为公司的事情日夜奔波的时候，忽然收到了老上司，也是自己恩人的斯考特的紧急电报。当他急忙来到斯考特的办公室时，发现著名投资商摩根也在那里，原来斯考特向摩根的借贷期满，需要25万美元，亟待卡内基的援助。面对傲慢的摩根、焦急的斯考特，卡内基心中很不是滋味，如果当初不是斯考特的提拔，他还只是一个穷小子，更别说曾在事业之初给了他那么多的帮助了，可是如果给了这25万美元，自己的钢铁公司就无从谈起了。经过挣扎，卡内基最终拒绝给予帮助。随着1873年经济大恐慌，愈来愈多的人都遭到了破产的厄运，当初的合伙人柯路曼兄弟，还有弟弟的岳父这些元老级人物，都不得不把自己的股份卖给卡内基。最终，1890年，卡内基将公司名称变为卡内基钢铁公司，资金增长到2500万美元，他持有公司半数以上股份。虽然当时有人称他为"卑劣的卡内基"，但不能否认的是卡内基在钢铁业做出的贡献和他独特的眼光。当他迈出进军钢铁业的第一步，就开始大胆引进最先进的生产技术和人才，大刀阔斧改进生产管理，不断地改进钢铁生产技术，降低成本，使自己一次次走向成功。

到了19世纪末20世纪初，卡内基钢铁公司已成为世界上最大的钢铁企业，拥有2万多员工以及世界上最先进的设备。年产量超过了英国全国的钢铁产量，年收益额达4000万美元。卡内基是公司最大的股东，但他并不担任董事长、总经理之类的职务。他的成功在很大程度上取决于他任用了一批瞳技术、懂管理的人才。时至今日，人们还常常引用他的一句名言："如果把我的厂房设备、材料全部烧毁，但只要保住我的全班人马，几年以后，我仍将是一个钢铁大王。"

西方现代报业创始人——约瑟夫.普利策

全　名：约瑟夫•普利策

国　籍：美国

生卒年：**1847～1911**年

地　位：他创造了美国报业的传奇，是、西方现代报业的创始人。他为新闻工作者设立的“普利策奖”被认为是美国新闻界最荣耀的奖赏

普利策在遗嘱中规定，普利策奖包括4项新闻奖、4项文学艺术奖、1项教育奖和4项学术奖。普利策奖的影响越来越大，目前，普利策奖中包括14项新闻奖和7项文学艺术奖。普利策奖象征了美国最负责任的写作和最优美的文字。特别是新闻奖，更是美国新闻界的最高荣誉。每一个希望有所作为的美国记者无不以获得普利策新闻奖作为奋斗目标。

早年的奋斗

1847年4月10日，约瑟夫普利策出生于匈牙利边塞城镇马科的一个小康之家。7岁时，他们全家迁到布达佩斯，普利策在那里受到了良好的教育。17岁那年，美国联邦军因南北战争急需兵员而到欧洲招募志愿兵，普利策应征入伍。南北战争结束后，普利策退伍来到圣路易斯城，从事了许多工作，业余时间则在图书馆看书学习。1867年，普利策取得律师资格，同年3月加入美国国籍，并兼任德人协会秘书。1868年，普利策被德文报纸《西方邮报》聘为

记者，从此，普利策开始了他的报业生涯。普利策很快就成为一个不知疲倦、有前途的记者。1872年，濒于倒闭的报社老板将报社控股权卖给了年轻的普利策。25岁时，普利策成为一个出版商，此后一系列精明的商务决策使他在1878年时成为《圣路易斯邮报》(以下简称《邮报》)的老板，以一个前途辉煌的人物出现在新闻界。接着，普利策宣布《邮报》不再听命于政党，而是为人民服务，要成为真理的喉舌。普利策的这种做法使《邮报》发展迅猛，与它竞争的《明星报》倒闭后，一段时间内《邮报》成了圣路易斯城唯一的英文晚报。《邮报》越来越吸引读者，声望日益提高，足以与当地实力雄厚的最有影响力的《密苏里共和党人报》和《环球民主党人报》相抗衡。

1883年，普利策以34.6万美元的价格将《纽约世界报》(以下简称《世界报》)买下，随即对《世界报》进行了大刀阔斧地改造。

普利策在发刊词中宣称：从即日起，以与过去完全不同的经营管理模式来运营《世界报》。该报在社会新闻中不断揭露、攻击贪污等不正当的致富行为，直揭内幕，发动社会运动，从而赢得了民众对该报的注意和尊敬。但《世界报》在转入普利策之手后能迅速打开局面，还有一个重要原因，就是大量刊登耸人听闻的刺激性报道。他说："报纸要发表独家新闻。在我看来，如果报纸只依靠现成的随手拈来的消息，是不会成功的。我们的报纸每天至少要有一条独特的新闻，每一期都要有一条爆炸性新闻。"在这方面，普利策极为欣赏该报的女记者内莉·白丽的行为。她曾招引男性无赖，然后写文章揭露，又曾伪装精神病人，混入布莱克韦尔岛疯人院了解其黑暗内幕，写出了轰动一时的独家新闻。后来，普利策意识到这种做法难免会助长工作人员添油加醋的作风，在他的授意下，编辑部的墙上贴上了大标语："精确，精确，再精确!"他也常常提醒工作人员要牢记新闻的根本出发点：尊重事实。

《世界报》的销量不断上升，3个月后，报纸的发行量增加了两倍，达到3.9万份。1887年初，销售量超过25万份。同年，《世界报》以250万美元，在法兰克福街海德公园旁修建了当时纽约最高最引人注目的大楼。在这座镀金圆屋顶大楼里，安装了最新式的印刷机器。这一年，该报已拥有职工1300人。《世界报》的工作人员是很不容易的，普利策对他们提出了严格的要求，要求他们忠心耿耿地为《世界报》服务，必须要出色地完成任务。普利策不但严格要求雇员，他自己也经常处于超负荷的工作状态中。他一直都亲自管理《世界报》,事实上直到去世前,他一直保持着对《世界报》的控制与指挥。1890年,43岁的普利策退出了《世界报》的编辑岗位,此时,他几乎完全失明,在极度的消沉中又患上了一种对噪音极为敏感的病。他出国寻医问药,却一无所获。他拥有一所称之为隔音的“地窖”,一艘“自由号”游艇,一处位于缅因州巴港度假胜地“静塔”,以及纽约的私邸。在此后的20年里,他把自己关在这些地方,一个人安静地度过。1893年,《世界报》的资产为1000万美元,它已成为巨大的资本主义企业。《世界报》的篇幅不断扩大,该报原为对开8版,后增至12版以及16版,但报价仍维持2美分。《世界报》星期日版初期为20版,后增至40版,出版周年纪念号为130版,25周年纪念号为200版,开美国报纸巨大篇幅之先河。

普利策晚年十分注意新闻工作的专业训练。他自己就是靠自学成为一名新闻工作者的,所以他知道全凭个人摸索的道路是多么的艰辛。普利策梦寐以求的是建立一所新闻学院,他在1892年和1903年分别向哥伦比亚大学的校长提出申请,由他出资建立新闻学院,但未能如愿。普利策在1911年逝世时,他在遗嘱中宣布捐款200万美元,作为修建新闻学院的费用。

普利策奖项的历史

普利策1904年的遗嘱规定了普利策奖的设立是对有杰出成就人士的激励。他具体规定有4项新闻奖、4项文学奖和1项教育奖,还有4项旅行奖学金。在文学奖中,包括一本美国小说、在纽约上演的一部美国独创戏剧、一本有关美国历史的图书、一位美国人的传记和由媒体所作的公共服务历史的书籍。普利策对社会的迅速进步极为敏感,这促使他做好了对奖励体制做大范围变动的准备。自1917年开始颁奖后,顾问委员会后更名为普利策奖委员会,将奖项扩大到21个,增设了诗歌、音乐和摄影奖,同时仍一如既往地恪守设奖人遗嘱和意愿的精神。

在过去的岁月里,普利策奖委员会有时因给谁颁奖或不给谁颁奖而成为评论家的众矢之的。由于评奖过程本质上是主观的,不可避免地会出现委员会做出的决定与评审团的建议相左而引发争议。委员会坚守着自行的一套评判体系,始终未成为观众喜好的俘虏。许多获奖作品都未曾名列畅销榜,许多获奖剧目是在百老汇之外或是在地方剧院上演的。在新闻界,评奖的标准不因媒体的大小而有所偏差,主要报纸如《纽约时报》《华尔街日报》和《华盛顿邮报》都曾获过许多次奖,但一些小规模、不知名的报纸的作品也常常受到委员会的青睐,如因揭露该地区猖獗的犯罪率与当地刑事司法体制腐败之间的关系,圣托马斯的《维尔京群岛日报》获得1995年的公共服务奖。委员会从一开始就始终坚定奉行对其评议保密的策略,并拒绝公开辩论或为自己的决定做出任何辩护。作为全国最有威望的奖赏和新闻、文学和音乐领域众所追求的荣誉,这样的挑战并未降低普利策奖的声誉。普利策奖被认为是产生高质量新闻的一个主要动力,它将全球的注意力都聚焦到美国在文学和音乐方面所取得的成就。

普利策在他的遗嘱中将200万美元捐赠给哥伦比亚大学,用于建立一所新闻学院,其中1/4用于“设立鼓励公共服务、公共道德、美国文学、促进教育的奖项或奖学金”。之所以这样做,他说:“我对新闻业的进步与提高深感兴趣,因为我一生从事这个行业,把它看作是一个崇高的职业,一个因其对人民心灵和道德产生影响的具有无与伦比重要性的职业。我希望能够协助吸引正直和能干的年轻人加入这个行列,同时也帮助那些业已从事这个行业的人们能够获得最高水准的道德和智力培训。”

普利策自己在攀登美国新闻业顶峰的过程中几乎没有得到或者说没有得到任何帮助。他以一个自我奋斗成功的人而自豪。或许正是因为他作为一个年轻记者所经历的艰辛,才使他产生了扶植专业培训的愿望。

留住美好瞬间——乔治·伊士曼

全　名：乔治·伊士曼
国　籍：美国
生卒年：**1854～1932**年
地　位：柯达公司的创始人，发明了第一台自动照相机

“你按快门，剩下的交给我们！”这是闻名世界的一个广告语，也是世界闻名的大众摄影之父乔治·伊士曼在一个世纪前创造的著名口号，直到今天依然还为广大群众所熟知。它表现了柯达照相机简练、为顾客着想的风格。

作为一个有着100多年历史的优良品牌，柯达在我们的生活中占有着不可替代的作用。作为公司的创始人，乔治·伊士曼的功绩在于，他不仅创造了“柯达”，还奠定了公司的文化理念和发展方向，他的影响力一直延续到今天。

早早辍学进入社会

1854年，伊士曼出生于美国纽约的沃特维尔，他是家里的老大，下面还有两个妹妹。伊士曼7岁那年，父亲去世了，家庭的重担全落在了母亲一个人身上。伊士曼的母亲是一个坚强的女性，她没有多少文化，只能替人做零工挣钱，但她知道教育对孩子的重要性。为了筹措费用让孩子们上学，她夜以继日地工作。伊士曼看到母亲这样操劳辛苦，心中十分痛苦，一心想早些替母亲分担重担。

14岁时，伊士曼再也不肯读书了，母亲反对他辍学，可是伊士曼决心已定，

母亲只能心酸地看着自己的孩子这么早就进入了社会。

辍学后的伊士曼开始到保险公司去做杂役，工作很辛苦，一周的工资只有3美金。尽管钱很少，但伊士曼还是视若珍宝，小心地积攒下来，全部交给母亲。同时，他还兼职做书架的销售工作，有时甚至还会上门向家庭主妇推销打毛衣的编织针。推销的工作经常遭遇冷眼，让人的信心和意志力都备受打击，但为了母亲和妹妹，伊士曼努力坚持着。

就这样，家里的情况开始慢慢好转起来，伊士曼开始利用晚上的时间学习会计课程。一年以后，他进入罗切斯特银行工作，年薪800美元。经过几年的省吃俭用，他积攒了3000美元。作为一个银行职员，伊士曼已经跨入了白领的行列。

一刻留住永远——柯达

伊士曼从小就喜欢旅游，现在终于可以到处走走了。假期外出旅游时，他发现所带的照相器材繁多而且笨重，粗笨的三脚架、装片机、药粉等，简直要用马车才装得下。更糟糕的是，操作起来也相当麻烦，稍微不留意，结果不是漏了光，就是照成模糊一片，为照一张满意的照片，要费半天工夫。伊士曼便产生了要让使用照相机像使用铅笔一样方便的想法，为了人人都能享受摄影的欢乐，他一心扑进研制轻巧方便的摄影器材的工作之中。他把家里的厨房当成实验室，买来各种化学试剂做着各种试验。对于化学，他是一个门外汉，完全靠实践与摸索积累经验，每次，他把屋子遮得严严实实的做那些似乎永远也做不完的实验，累了就躺在地板上睡一会儿，醒了又接着干。这种无休止的单调生活他一点也不觉得苦，他的心中充满了对成功的期待以及创造带来的快乐。他的女友因无法忍受而离开了他，虽然心中很痛苦，但伊士曼依然把发明继续搞了下去。通过各种实验；许许多多的奥秘都被他揭开了，这位执着的年轻人微笑了。伊士曼改变了玻璃做底片的历史，终于创造出了简单易用的照相机，它们的投入生产，使这位厚积薄发的年轻人开启了他的柯达时代。他以满足消费者的需求为己任，不断地开拓创新，于是不久，彩色胶片也问世了，人们进入了五彩斑斓的世界。

1892年，伊士曼把公司更名为“伊士曼·柯达”公司。1895年，柯达公司将卖价5美元的口袋式照相机投放市场，轰动了全世界。照相技术“面向大众化”之梦，终于变成了现实。

终身未婚的慈善家

一次偶然的机会，美国的两个音乐家在看一部彩色短片时，激发了改良彩色摄影的想法。于是，他们把西德科学家配制的乳剂分成三层，终于发现它们对光源的红、绿、蓝三色产生感光作用，他们没有想到的是，这个发现对伊士曼有多么重要。当时的彩色摄影师要在镜头上装上红、绿、蓝三种不同颜色的滤色镜，工具复杂，费用高昂，而且颜色是人工涂画的，拍出的效果不是很好。伊士曼在杂志上一看到他们的新成果，就敏锐地意识到，如果这一研究继续下去，将给彩色照相带来一场改革。1930年，伊士曼和这两个音乐家签订了合同，在技术力量和资金上大力扶持他们。经过3年的努力，世界上第一个可利用两色冲晒程序的感光彩色胶片问世了。不久，他们进一步把感光片分成5层。从那以后，任何人都会使用柯达彩色胶卷拍照，冲印出色彩鲜艳的照片了。

柯达的每一个前进都是科研推进的结果，为了打造一个优秀的品牌，从一开始，伊士曼就很注重科研工作。为此，他不惜重金招聘许多一流人才，鼓励他们去探索、研制新产品。柯达公司的研究发展预算名列美国企业前列，每天投资额高达150万美元，仅总公司就雇用了约2000名工程师和科学家从事各种研究工作。

除了先进的技术，最重要的还是优秀的经营管理体制，那就是一切以客户为中心。无论做什么事情，伊士曼都抱着这样的态度，并始终贯彻着弃繁从简的思路。甚至连公司的名字“柯达”，也是源于他的一个愿望，那就是创造一个在任何语言中都不存在，但是在任何语言中都容易上口的名字。刚刚起步的时候，他曾经召回一批有瑕疵的感光材料，并且向客户全额退款，虽然当时并没有法律规定他必须这么做，但是伊士曼深知，失去客户的信任将给柯达造成不可估量的严重影响。直到今天，这个理念还被严格地遵循着，在柯达没有什么比维护品牌的荣耀更加重要的事情。制订每一个战略，做出每一个决策，处理每一个客户事项的时候，都要考虑这样做会给品牌带来什么样的影响。

伊士曼是个发明家，更是个成功的企业家，他的财富滚滚而来。他并不需要生产全世界的照相机，但全世界的照相机厂商，凡是使用了他的专利产品，都得向他付费。他引发了照相技术里程碑意义上的多次革命。或许是由于事业太繁忙，或许是由于他过度专注自己的发明，伊士曼终身未婚。但伊士曼却并不孤独，他把自己后来的全部心思和财富都用在了慈善事业上。伊士曼没有受过多少教育，而他一生为教育事业捐了许多钱。罗切斯特大学依靠他捐的几百万美元办起了音乐学院。那时，许多学校都收到过“史密斯”的捐款，但这个史密斯是谁，人们一直搞不清楚，直到他逝世后秘密才揭开，这是伊士曼用的假名。他还捐款办医院，出资建造博物馆和艺术中心，丰富人们的精神生活。终其一生，伊士曼的捐款超过了1亿美元。在20世纪早期，1亿美元是一笔极其巨大的财富。

1932年，这位伟大的企业家、发明家、慈善家，得了一种无法医治的怪病，伊士曼没有告诉任何人，他选择了跳海自杀来结束自己的生命。或许，他只想让别人记住自己最灿烂的时候，就像他发明的相机和胶卷一样——留住最美一刻。

把"轮子"带给世界的人——亨利·福特

全　名：亨利·福特
国　籍：美国
生卒年：**1863～1947**年
地　位：美国汽车大王

福特是世界上第一位将装配线概念实际应用而获得巨大成功的人，并且以这种方式让汽车在美国真正普及化。这种新的生产方式使汽车成为一种大众产品，它不但改变了工业生产方式，而且对现代社会和文化产生了巨大的影响，因此有一些社会理论学家将这一段经济和社会历史称为"福特主义"。

爱发明的亨利

1863年7月30日，亨利·福特出生于美国密歇根州。他的父亲威廉·福特白手起家，开办了冶炼厂、面粉厂和毛织厂，创立了自己的事业，还修建了一座两层楼的住宅。母亲玛丽是一位性情温和而坚强的女性，亨利的一生，始终以母亲的"勇气、忍耐、锻炼和秩序"作为座右铭。

小时候，亨禾临数学方面的天赋十分出众。7岁时，他进了一所学校，算术成绩总是名列前茅。亨利还常爱搞一些小发明创造，比如他曾偷偷在学校制造了一个小小的蒸汽机，但因加煤过量而导致了爆炸，脸被碎片刮破了。然而他的小发明实验，却轰动了整个校园。这些经历令人不禁想起了爱迪生的故事。

12岁那年,母亲去世了,亨利从此常常和父亲一起在农田里干活。后来,亨利忍受不了父亲的严厉,离家出走了。他到车厂当了学徒。他做过各种各样的工作,从车厂转到一家铜厂工作,不久,他又来到了一家船厂。在这期间,闲不住的亨利又开始着手研究内燃机,不久以后,亨利辞掉工作,专心致志地搞发明创造。

他整天把自己关在储藏室里,经过两年的探索和反复试验,亨利终于设计制造出了一台牵引机,在实验点火的那天,许多人都闻讯来观看。

1888年4月11日,24岁的亨利与20岁的克拉拉结婚。克拉拉是一个建筑设计师,常常别出心裁,在这一点上,她和亨利倒是很相似。克拉拉为自己设计修建了一套正方形的房子,婚后的亨利夫妇就在这所房子里居住。1892年,在爱迪生照明公司当工程师的亨利被查尔斯·杜里发明的汽车所吸引,他决定动手研制自己的汽车。

建立汽车王国

1898年,36岁的亨利辞去了爱迪生照明公司的职务,和底特律的几个头面人物合伙,兴办了底特律汽车公司,生产自己研制的汽车。在这里,亨利的才华得到了淋漓尽致的发挥。不久,公司就做成了第一宗生意。靠合伙人的政治势力帮忙,底特律邮局决定使用底特律汽车公司生产的4辆汽车运送邮件,这算是公司第一笔初见成效的业绩。

1902年的夏天,亨利又和一个叫马柯姆森的人在底特律建立了福特—马柯姆森汽车公司,第二年,该公司更名为福特公司。公司内部分工明确,福特主要负责制造业务,为此,他专门聘请了12个有着丰富制造经验的技工,协助自己工作。在亨利的积极参与下,他们在汽车制造方面取得了突破性的研究成果,为福特公司走向辉煌立下了汗马功劳。仅1912年一年的时间里,福特公司就生产了8万辆汽车。第二年,在亨利的组织领导下,福特员工改进了原有的装配线,旧有的操作模式被彻底取代,生产效率得到了明显提高,这一年福特公司生产出了19万辆汽车,公司效益突飞猛进。

1914年,福特再次改进技术,从生产线上驶出的"T型"汽车达到了24万辆，福特公司创造出了前所未有的佳绩，取得了巨大的成功。

但是，当亨利·福特成功后，他并没有和他的员工共同分享成功的果实。亨利·福特为了占据公司的全部红利和所有股权，他清理了公司初建时的全部技术骨干和高级经理人员，这些人都是公司的元老，都曾为公司立下累累的功勋。亨利·福特就这样不留情面地将他们赶出了公司，把福特公司完全变成了一个“封建”王国，同时又建立了拥有几千名技工人员的庞大的专制机器，至此，福特公司完全被控制在了亨利·福特一个人的手中。

福特的光荣与悲剧

福特对待事业十分专一，抱定了要把汽车事业不断向前推进的原则。但有一段时期，他曾经参与政治。在威尔逊总统的劝诱下，他于1918年竞选密歇根州参议员。对手以不正当的手段从事选举活动，他却按兵不动，从不曾做任何活动，结果落选了。

19世纪20年代中期，有人想提名福特为总统候选人，但也没有成功。

亨利·福特是凭直觉决定意志的，但他的独生子艾德赛尔，跟他迥然不同，艾德赛尔坦率听取别人的意见并整理问题，经过三思后，才会做出决定。福特并没有察觉出他的思考方式不同于他的儿子，企图将自己那套思维方式强加在儿子身上。艾德赛尔知道自己无法照父亲的期望去做，他想同一般的年轻人一样，见识一下社会同时积累经验。可是他的父母，一方面要他积累难以忍受的经验，另一方面却希望他尽可能待在他们的身边，以便能够谆谆教诲他一切事情。他们虽然有野心要他成名，却又不喜欢这个独生子长成大人。1933年，福特工厂因世界性经济恐慌的影响而关闭时，艾德赛尔接替亨利出任总裁一职。他企图改变公司的劳工政策，但进退维谷。他们父子的关系濒临破裂的边缘。在此后的10年间，艾德赛尔宛如活在噩梦中，因为过度紧张和极大的压迫感，导致胃溃疡啃蚀他的肉体，终于在1943年，早一步先他的父亲逝世。1945年，亨利·福特把自己一手建立起来的公司，这个资产已经达到7.5亿美元的公司交给了他的孙子——亨利·福特二世，自己则退休过着安闲的日子。亨利·福特二世继承了祖父的传统，使福特公司的事业获得长足的发展。

福特是把世界带到“轮子”上的人，他把大规模的生产技术介绍给了现代社会，不仅提高了美国的生活水准，最终也提高了全世界的生活水准。亨利·福特给世界带来了财富，他因此成为被全世界企业界所敬重的少数几个伟大的企业家之一。

一个有强烈个性的人

福特识字不多，因而书信全交给秘书处理。但他喜欢签名，常把签有斯宾塞式字体的照片送给人家。他只上过小学和底特律夜间职校，所以既不会画设计图，也看不懂蓝图。可是，他却灵活得犹如一部电脑。

他喜欢结交一流的作家、教育家、科学家和政治家，他从他们那里学到了不少东西。福特夫人所受的正规教育也不多，但勤于读书，经常读书给福特听。福特在少年时代不爱读书，却能通过工作不断学习，像福特这样从经验中学到那么大本领的人，并不多见。

福特刚结婚的时候，生活过得很苦，但他的太太很勤俭，一分钱也不浪费，把钱全部用于他的实验。他既非超人也非天才，他最大的特征是：具有责任感，不喜欢接受别人的援助，超然绝俗。

他衣着简朴，生活简单，成了美国首富之后，还是上那家从小就习惯去的老理发馆。到了75岁，他不戴眼镜还看得清楚，但健康已大不如前，老埋怨胃不好。

他生性爽朗，喜欢和下属一起拟定计划。还没上年纪以前，他老爱跟人家开玩笑，对新的事物显示出强烈的兴趣。他一点也不谦虚，是个极端的个人主义者。他喜欢沽名钓誉，希望提高他的声誉。他发明惊世骇俗的和平船以及推行日薪5美元、建立福利设施等，原是出于一片善意，但因他借此沽名钓誉，而被大打折扣。总之，他的缺点一大箩筐。

可是，比起他卓越的资质、责任感、足以令人效法的私生活和伟大的成就，那些缺点便不算什么了。未来的历史上，他仍不失为一个出类拔萃的典型人物。但是，这并非由于他的缺点，而是由于他给予时代的影响力，尤其他在把从业人员从苦力中解放出来方面，扮演了重要的角色。

全美第一银行家——贾尼尼

全　名：阿马迪·贾尼尼
国　籍：美国
生卒年：**1870～1949**年
地　位：现代银行之父

他只有一张小学文凭，却能用不同的语言跟人打交道；父亲因为1美元的贷款被人打死，他却无息把钱贷给一文不名的贫民；他并不热衷于追逐金钱，却成为统治金钱的大人物。贾尼尼正是这样一位聪明能干又心地慈善的大银行家。

从小就有经商头脑

1870年5月16日，阿马迪·贾尼尼出生在美国加州的一个意大利移民家庭，开始的时候，家里经营旅馆，后来因为生意不是很好，就卖掉旅馆，买下40英亩土地，做起了小农场主。日子虽然很辛苦，但还过得去。天有不测风云，贾尼尼8岁时，同村的一个葡萄农因为还不起向他父亲借的1美元贷款，竟然开枪打死了他父亲。这件事在年幼的贾尼尼心中留下了难以磨灭的创伤，而他在成了银行家后坚决反对放高利贷，与此有着直接的关联。

贾尼尼的母亲是个坚强的女子，她孤身一人既要管理果园，又要照料3个孩子，一个名叫斯卡蒂那的马车夫经常帮她的忙。一段时间后，贾尼尼的母亲和马车夫结了婚，2年后他们将果园和房子卖掉，搬到圣诺耶镇居住。贾尼尼12岁时,他们在旧金山买了房子,在那里批发水果和蔬菜,做起了中间商。母亲的性格深深地影响着贾尼尼,他能吃苦,待人热情,又有心计,成了继父开商行的重要帮手。

贾尼尼和继父的关系很好,每天零点左右,父子俩赶着马车来到瓦夫码头。等运果菜的船一靠岸,嘈杂的拍卖就开始了,继父一边做生意,一边教贾尼尼拍卖用语、如何喊价和辨别果菜质量的方法。拍卖结束后,他们在瓦夫的早餐摊上吃过饭,贾尼尼再去学校读书。一天,他打听到最近市场上柳橙和葡萄柚很走俏,而圣阿那的塔斯丁公司的品质最好,于是他向继父建议买进一批来试试看。继父吃了一惊:“天哪,你怎么会想起这个?那么远的路程,傻瓜才去买柳橙和葡萄柚。”贾尼尼说:“这很值得,圣阿那人口少,这种东西一定很便宜,只要能运到这里来,可以将售价抬高许多,赚的一定不会少。”继父将信将疑,就先买了一部分。

事实正如贾尼尼所预料的那样,这两种商品都十分畅销,甚至日后原本在加州极为罕见的柳橙和葡萄柚也成了加州的特产,这不能不说是贾尼尼的功劳。

贾尼尼并没有满足现状,他还要将现有的经营模式进行改进,争取更大的利润。他亲自跑到农家去收购果菜,以期减少中间环节,降低进货价格。在农作物未采收之前就与农民订立收购契约,虽然要付一部分定金,而且担当一定的风险,但蔬菜和水果的价格却要比码头上便宜得多。他这样做,不仅从贩运商手中夺回了利润,而且比贩运商买来的还便宜。农民也都积极响应,因为先得到了定金,农作物的销路就有了保证,又可以减少气候突

然变化造成的损失。这种做法营造了双赢的局面,是一个了不起的创举。聪明善良的贾尼尼在年仅19岁时就提出了“农民银行”的构想,因为在与农民买卖的过程中,贾尼尼深感农民的举步维艰。因为银行不肯贷款给贫苦的农民,那些来自意大利的移民,为了买农具和种子,经常不得不以农田作抵押,向高利贷者借钱。由此,贾尼尼萌生了向这些农民提供贷款的念头,他的想法是不收利息,用贷款的形式取得下一季收获后农产品的买卖契约。实际。上,这便是他最初的“农民银行”的构想雏形,而在以后的日子里,贾尼尼逐步实现了这个构想。

婚姻引路人

1892年,贾尼尼和银行家科涅尔的女儿结婚了。这场婚姻一下子改变了贾尼尼的事业轨迹。1902年,岳父科涅尔不幸去世,凭着岳父留下来的股份,贾尼尼成为哥伦布银行的一名董事。初到银行,他很快就得到下属的尊敬和爱戴,但和银行的创建者却经常因意见不合而发生争执,他们对银行经营方针的看法相去甚远:一个坚持平民化,拓宽经营范围;一个却坚持因循守旧,不愿进行改变。最终贾尼尼决定另起炉灶,他认为自己拥有一个新颖而务实的想法,何不自己创办一家银行来将它变成现实,而一定要寄人篱下看他人眼色行事呢?这时,大量外国资本涌入旧金山,造成当地的美资银行与外资银行对峙的局面。但所有这些银行,不是从事投机,就是目光盯着大企业,没有一家想到小本经营的贫苦农民。贾尼尼认为,只有把这些农民作为贷款对象,他未来的银行才能有立足之地。

于是,贾尼尼和朋友一共10个人,商议合股开办银行。股东只占1/3股份,其余2/3在普通民众中募股,这些人包括鱼贩、菜商老板和一些乡下农民。总的来说,主要对象是意大利移民,所以名称就叫意大利银行。他的想法的确有些离经叛道,最初大家都不太理解,但经过贾尼尼的反复解释,他们渐渐明白了,只有这样做才能迅速地扩大银行在民众中的影响,开拓一片新的领域。

这正是阿马迪·贾尼尼的超人见解,日后的事实证明,正是由于他的这种经营思路,意大利银行得以从很低的起点飞快地崛起,最终成为美国第一大银行。

刚开始募集股金是很不容易的,因为北海岸的意大利移民向来情愿把金币藏在床垫下面,也不愿用来买股票、当股东。股金不够,只有贾尼尼和另外几个发起人增加投入,这才凑足了股份。

在一番周折之后,1904年10月17日,意大利银行正式宣布开业。

尽管意大利银行开业后,存款额月月上升,但与哥伦布银行相比,还差一大截。但贾尼尼很有信心,在他的银行里,小业主和农民能够不用担保就获得25美元低额贷款。这是一个很有远见的策略,那些布衣小民要想做点买卖或投资农业生产，往往苦于借不到钱而一筹莫展。父亲就是因为1美元而惨遭横祸，贾尼尼牢记着这个血的教训，他经常挨家挨户地走访农民，说服他们将钱存到他的银行里来。他的做法无疑扶持了农民和小业主，一般人都会具有感恩心理，这些人一旦赚了钱，就会成为意大利银行的忠实储户。贾尼尼在他们身上下的工夫也可看作一种积少成多的隐性投资，他的远见卓识正是从这里体现出来的。

断挑战自我的人

1903到1907年，美国爆发了史上最为严重的一次经济危机。

经济危机像瘟疫一样迅速席卷社会的各个角落，人们内心恐慌，储户纷纷提取存款，一度形成雪崩之势，许多银行面临不可收拾的局面。加州的情况虽然没有其他地方那么严重，但在大气候下，形势也难免岌岌可危。侥幸逃过这场危机的贾尼尼惊异地发现，旧金山只有一家银行没有受到影响，这就是加拿大银行。

为此他专门前去考察，发现了其中的奥秘：原来加拿大银行在全国都设有分行，分行形成一张网，从全国各地吸收存款汇集到总行，这样，银行就具有很大的机动支配能力，这和美国的金融体系大不一样。在美国，地方银行都把黄金集中到华尔街的大银行。华尔街一旦出现危机，各地银行也必然失去了保障。贾尼尼恍然大悟：一定要有自己的分行网，拥有属于自己的体系。随后，他开始了一系列果断的行动：逐步收购、兼并一些经营不善的地方银行。第一个被兼并的是贾尼尼的故乡圣诺耶的一家高利贷银行，尽管美国的法律禁止单一银行取得其他同业银行的股份，但法律有漏洞可钻，他只要买下除了为首的那个家族之外的其他股份，总股份相加超过半数，吸收合并就是合法的。而像这种经营不善的银行，小股东正巴不得出让股份来脱身。因此，贾尼尼的收购十分顺利。1906年，旧金山发生了大地震，在讨论灾后重建时，各大银行为了自身的安全不愿发放贷款，和与会商人吵得不可开交。忽然，贾尼尼站了出来，他宣布意大利银行将会在明天正式开业，而且是露天营业。一句话令大家大张嘴巴，大家几乎不敢相信自己的眼睛和耳朵。

1910年,贾尼尼又收购了旧金山银行和旧金山机械银行,此后不久,他又成功地收购了圣玛提欧银行。但这些都不是贾尼尼真正的目标,他的目标是洛杉矶。1913年,贾尼尼来到洛杉矶,当他正打算继续买下另一家即将破产的联合银行时,却遭到当地一些银行的抵制,当地报纸还以"打击意大利的侵略"这样的口号做标题。聪明的贾尼尼进行了有力的回击,他在次日的报纸上打出了整页广告:"贫穷的意大利借钱给贫穷的小市民和劳工,意大利是贫穷人之友。"当时意大利的确是个贫穷的国家,移居海外的人多达87万。同时,他还用7国语言登出了自己的广告,把加州的普通百姓、移民作为自己的宣传对象。事实再一次证明了他"以市民为主要顾客"方针的正确性。1918年,贾尼尼在加州的意大利银行分行已经发展到24家,成为全美最大的分行制银行。

经过这些事后,意大利银行从一家小银行发展成为众人皆知的大银行。而贾尼尼也靠着他的智慧和高尚善良的品格,逐渐成为世人敬仰的大银行家。

IBM创始人——托马斯·沃森

全　名：托马斯·约翰·沃森

国　籍：美国

生卒年：**1874～1956**年

地　位：美国商月及其公司(**IBM**)的创始人，被人们尊称为“计算机之父”

IBM是商业机器和电子计算机工业的化身，它使商业机器发生了一次质的革命。作为计算机业的龙头老大，回溯历史，从一个生产磅秤、切肉机的小公司到后来的跨国电脑公司，这里面有好几代人应该感谢并应该记住的一个人。

在忍耐和辱骂中成长

1874年2月17日，托马斯·约翰·沃森生于美国纽约州北部一个贫困的农民家庭。父亲是来自英国的移民，靠伐木和种地谋生，虽然家境贫苦，但家中总是充满了欢笑，他们始终对生活 —有种乐观的态度，相信只要努力，就会有回报。沃森从父母的身上继承了美国农民许多优秀的品质：正直、踏实、认真、乐观、崇尚个人奋斗。因为家里穷，加之当时教育还不是很普及，沃森没有上过几天学，为了减轻父母的负担，他17岁就进入社会打拼。他的第一份工作是替一家五金店老板走街串巷推销缝纫机。

在当时，推销是个受人歧视的行业，小沃森为此没少受他人的白眼与嘲弄,但推销的经历磨砺了他的意志和品质。刚开始,他对老板付给他每星期12美元的工资还挺满意。后来,他从另一个推销员那里得知,他被老板占了大便宜,因为其他推销员通常拿的是佣金,而不是工资,如果按佣金计算,他每个星期应得65美元。于是他愤然辞职,从此,他找工作再也没有同意过“死工资”的报酬方式。

1895年10月,困境中的沃森把谋生的目光投向“全国现金出纳机公司”,因为这里月薪平均400美元,收入可观。而老板帕特森是当时有名的“推销天才”,在他手下,很多质朴勤奋的青年成长为一流的推销人才。他去拜访公司分所经理兰奇先生,但遭到了拒绝,但是无论怎么被打击,沃森总是以微笑来面对兰奇。兰奇被他的韧劲所打动,决定给沃森一个机会试用。但是第一次推销的经历却是惨败的,沃森被兰奇骂得不知所措、面红耳赤。但沃森在羞辱中表现出惊人的忍耐力,他把这作为推销的职业训练,在绝对服从中去学习。

兰奇是帕特森的优秀学徒,而沃森则成了兰奇的再传弟子。从兰奇那里,沃森学到了很多,以后在IBM,沃森还经常对下属介绍兰奇怎样用实例去推销产品,推销自我。事实上,比起老师来,沃森青出于蓝而胜于蓝,一年之后,他成为美国东部最成功的推销员,25岁时,他取代了兰奇的位置。1899年,沃森被提升为分公司经理。到1910年,他已经成为公司中仅次于帕特森的第二号人物。帕特森是个专横的人,他用优厚待遇来换取雇员的忠诚棚匠从,同时,他生性多疑,当总经理查尔摩斯忍无可忍地反抗他的领导时,他立即解雇了查尔摩斯,让沃森取而代之。1909年,在查尔摩斯的协助下,州法院以垄断罪起诉了全国现金出纳公司,沃森也成了被起诉的对象,经过控方的调查,沃森最终获得了保释,而帕特森入狱一年。

就在这段灰暗的日子里,沃森遇到了自己的终身伴侣珍妮特,他用自己的技巧将自己推销给了后来的妻子。没过多久,儿子出生了,正在沃森最高兴的时刻,生性多疑的帕特森却认为沃森暗自培植亲信,拉帮结派;尽管沃森极力为自己申辩,但毫无用处,无奈之下,他于次年4月辞职。他立誓报仇,要创建出比帕特森更为强大的公司并击倒他。然而,重新创业又谈何容易。虽然帕特森给了他一笔5万美元的辞职费,但沃森失去了生活保障,丢了饭碗,年龄也快40岁了。他只好带着新婚不久的妻子和一个嗷嗷待哺的儿子,去纽约闯荡。

“计算机之父”

40岁的年龄，在普通人眼里，早过了人生激情四溢的创业时代，但沃森不这么想，他对自己有信心，认为潜力还远远没发挥出来，潜意识里，他认定自己可以成就一番大事业。2个月后，沃森遇上了IBM前身的奠基者弗林特，弗林特是华尔街最红火的金融家，号称“信托大王”。他对沃森的才干早有耳闻，旋即礼聘他为计算制表记录公司的经理。这家弗林特属下车要生产天平、磅秤、计时钟和制表机等的公司，由于前任经理在经营方面不得要领，成立不足3年已负债累累，濒临破产。沃森之所以对这家公司感兴趣，主要是看中它的产品。他认为计时钟、制表机等作为办公自动化必不可少的工具，具有广阔的商业前景。

最初，因为沃森曾经被定过罪，董事们只让他当一个小小的经理，精明的沃森除了要得到一份体面的薪水外，还要求能够得到一定比例的利润作为奖励。董事们急于扭转该公司的被动局面，对沃森的要求照单全收，但是大家并不把他放在眼里。沃森在公司里孤立无援，只有弗林特一个人暗地里支持他。从1914年到1924年的10年间，沃森就这样一直忍辱负重地工作着，发挥了当初死缠烂打的推销员精神。沃森上任后的第一件事便是向银行借贷5万美元，用于产品研发。当银行对公司的偿债能力提出质疑时，他解释说：“负债只说明过去，而这笔贷款是为了未来。”这句沃森一生中最伟大的推销词打动了银行官员，于是他顺利借得款项，并凭借这笔钱，熬过了最初的艰难时刻，公司业绩开始迅速上升。

第一次世界大战结束时，制表机需求量激增，几乎每一家大保险公司和铁路公司都用上了计算制表记录公司生产的霍勒利斯制表机。不久，政府部门开始采用制表机。沃森适时地推出新型的打印—制表组合机，受到广大客户的欢迎，订货单一张接一张，产品供不应求。1919年，公司的销售额高达1300万美元，利润也升至210万美元。1924年2月，已经身为公司总经理的沃森决定将公司更名为国际商用机器公司，简称IBM。那年，沃森50岁。

从此，他抹去了同任何人有关联的最后痕迹，开始了自己与IBM融为一

体的后32年生涯。

30年代初，IBM开始进入打字机行业，生产打字机、打孔卡片、打孔机、分类机、会计计算机等系列产品，并推出电动打字机、字母制表机等新产品。到30年代末，IBM公司的销售额增长到3950万美元，利润达到910万美元，竟超过其他4家同类型大公司的总和，一跃成为全美最大的商用机器公司。这时的托马斯·沃森不知道，未来的世界将由数字掌控，他生产的打孔机正预示着未来世界的走势，他也不知道自己公司生产出来的计算机将改变世界。这个超级推销员最喜欢"雇佣推销员"，而30年代IBM的成功就是靠这些经过沃森专门培训的推销员取得的。

大战结束后，计算机市场初露端倪，IBM充当先锋，率先攻占计算机市场。虽然沃森没上过大学，没有田可技术背景，但长时间的市场经营锻炼出他敏锐的直觉。如果没有沃森，可能出现的只是局限于运算的工具，而不是拥有高超技能的电子计算机。

所以，他才被人称为"计算机之父"，而真正的计算机事业是在他的后代手里蓬勃发展起来的。

早在1933年，IBM就曾为哥伦比亚大学设计了一种高速运算器。1937年，哈佛大学的计算机专家艾肯博士建议沃森综合几种机器，造出更快的运算器，为此沃森拨款50万美元，历时6年，研制出世界上第一台自动顺序控制计算机，名为"马克1号"，每秒钟可以进行3次计算。1946年，IBM又推出第一台电子计算器。

1948年，又推出一台部分电子部分电机的数字计算机，这台机器安装在IBM纽约总部，直接向参观者进行实际操作表演。IBM开始涉足电子计算机领域，但这些只是IBM牛刀小试，尚不能称之为IBM在电子技术和计算机工业技术方面的真正崛起。

当时业内的龙头是由两个专业研究人员成立的雷明顿—兰德公司，1946年，他们成功地制成了世界上第一台电子计算机，命名为"埃尼亚克"，计算速度比IBM的快很多。面对如此强大的竞争对手，究竟是发展前景莫测的电子计算机，还是继续经营收益可观的打孔机，这一话题，在IBM内部展开了激烈的争论。以老沃森为首的一派认为，尽管计算机能够解决所有重要的科学计算问题，但是价格昂贵，投入成本过大，几乎没有人肯出资买这样一台机器，况且计算机的前途是很渺茫的,前景并不明朗。但老沃森的儿子小托马斯·沃森却持相反的观点,他深信到一定时候,计算机将占据主导地位,父子俩之间时常因此而争论不休。正在这时,打孔卡计数器出现了严重的滞销,市场的反馈意见说明了一切。面对现实,沃森意识到吃老本无疑是走向灭亡,先进的电子计算机时代已经到来,是自己让贤的时候了。1949年,这位IBM的总裁正式任命儿子小沃森为执行副总裁,放手让年轻人去干新兴行业。

1956年,刚刚完成权力交接的沃森因为心脏病去世了。而1955年是他生命中最完美的一年,公司收益7亿美元,几乎是战后1946年的6倍。进入80年代之后,IBM成为世界上最大的工业公司。

最畅销杂志的创办者——德威特·华莱士

全　名：德威特·华莱士

国　籍：美国

生卒年：**1898～1981**年

地　位：美国最畅销的期刊《读者文摘》的创始人

《读者文摘》的不断发展，有华莱士的功劳，也有他妻子莱拉·贝尔·艾奇逊的功劳。她同华莱士结婚前在社会服务工作中非常活跃，并帮助在东海岸建立了基督教女青年会。她的态度成了《读者文摘》的态度，即一种积极思维的态度。从创刊时起，华莱士夫妇就亲自任期刊发行人直至1973年。华莱士先生和夫人因为他们的慈善工作荣获1972年自由奖章。

少年的梦想

1898年，明尼苏达州圣保罗的一个基督教长老会牧师的家庭里诞生了一个男孩，他就是德威特·华莱士。小时候的华莱士并不是一个特别优秀的孩子，从小学到中学，他成绩不是很出众，但是华莱士是一个有着顽强毅力和坚韧意志的人，他那永不服输的精神支持了他的生活、学习和事业，并且受父亲的影响，华莱士从小就酷爱阅读。

1909年，华莱士相继就读于麦卡斯特学院和伯利克的加利福尼亚大学。大学毕业后，华莱士到圣保罗一家以出版农业杂志和教科书为主的出版公司工作。

工作之余，华莱士还曾为从事日历和广告业务的大印刷商当推销员，这为他日后的事业打下了良好的基础。当他

在出版公司工作的时候就想办一种文摘式的刊物。华莱士从自己的亲身体验出发，认为在现代社会中，人们对知识的渴求欲越来越大，但是面对浩如烟海的书刊杂志，人们没有精力没有财力去通读它们。如果能把一些既有价值又能引起人们广泛兴趣的文章，经过筛选、摘录、汇编成册的话，一定会受到读者的欢迎和喜爱。第一次世界大战期间，他参军上了前线，后负伤进了医院。在这期间，他对自己构思已久的计划进行实验，他把一些报纸杂志中的文章剪下来，在不影响原意的情况下将文章压缩删节，形成了新的稿件。战争结束后，他回到故乡圣保罗，继续这个工作，他在图书馆很快搜集、压缩了不少文章。资料到手后，华莱士又经过了两次认真的加工润色，然后把这些文章合订在一起，缩编成了一本袖珍型的杂志。华莱士先印了200册，把它们分寄给纽约的出版商和可能的支持者。事与愿违，发行者们认为华莱士的选材不合市场胃口而不予支持，华莱士寄出的样本受到冷遇，这让华莱士初尝创业的艰辛与痛苦。

创业的心酸

《读者文摘》遭冷遇，却并没有使华莱士灰心丧气。1921年，他辞去工作，全力以赴地投入到筹备文摘式杂志的工作中来。华莱士拿着借来的5000美元，在纽约格林尼治村租了一家地下室开始了工作，他把自己的公司命名为“读者文摘公司”。他依然按照当初的想法，着手剪辑、删节文章，然后把它们油印出来。1922年2月，第一期《读者文摘》正式出版了。《读者文摘》的编辑；针始终遵循适用性、价值性和建设性这三项标准。在创刊后的相当一段时间里，华莱士和他的妻子互相配合，整个编辑的工作都由夫妇俩完成。渐渐地，《读者文摘》受到了读者的欢迎，从192年的1500份订单发展到1929年的21.6万个订户，华莱士获得刁巨大的成功。

《读者文摘》是一种书籍式的月刊，外观小巧别致，每期约200—300页。题材从国际、国内问题，到社会、科学、医学以及日常生活问题，等等。只要是

与读者有关的，让读者觉得有永久价值，并感到有兴趣的，能提倡乐观和进取精神的文章，都在采用的范围之内。《读者文摘》的体裁也是多种多样的，有政论、散文、日记、故事、笑话、游记、小品文等。它们转载的长文章经经过了浓缩，一般在500字到2000字之间。从创办杂志起，华莱士《读者文摘》的文字质量一直有严格的要求，这也成了《读者文摘》的传统。后来爱德华·T·汤普森主管该刊编辑业务时，也以此要求他的编辑和作者。《读者文摘》所要求的稿件，不但内容上要切合读者的水准，而且文字也要通俗易懂，表达上要简明扼要，一针见血，反对拖泥带水和陈词滥调。正因为《读者文摘》的严格要求，它所登载的一些文章被美国很多学校选为教材。为了吸引读者投稿，《读者文摘》还开辟了诸如“个人一瞥”“生活在美国”等专栏，这样为它撰稿的读者遍及社会各阶层。此外，还有20名社会名流、教授、专家担任《读者文摘》的巡回编辑，为它到世界各地采访，撰写世界政治、经济方面的调查报告。这样，《读者文摘》吸引了读者，其销量处于不断增长的态势中。

1938年，《读者文摘》在英国发行了第一个海外版，此后国外版不断出现，80年代时每月就已经以16种语言、40个版本，在163个国家和地区同1亿以上的读者见面了。在亚洲，《读者文摘》发行4个版本：亚洲英文版、中文版、韩文版以及印度英文版。中文版创刊于1965年，发行量约25万册，主要分布在中国香港、中国台湾地区以及南洋华侨居住地。随着《读者文摘》影响的不断扩大，销量的持续上升，它有了标志自己形象的总部大楼。《读者文摘》总部大楼耸立在一块占地156英亩的草坪上。办公区环境幽雅，有花园、水池和雕塑；各办公室与走廊的墙壁上悬挂着毕加索等著名画家的艺术珍品，《读者文摘》的品位尽现其中。自1950年起，在《读者文摘》之外，华莱士又出版了《读者文摘书摘本》，每年出5卷，在国内外全年总销量也超过了1000万册。

60年以后，华莱士的手中掌握着一个出版王国，他的杂志已经遍及全球，用15种文字出版39种版本，发行于世界163个国家和地区，总发行量3000万份，成为世界上发行量最大的期刊。《读者文摘》的不断发展，有华莱士的功劳，也有他妻子莱拉·贝尔·艾奇逊的功劳。她同华莱士结婚前在社会服务工作中非常活跃，并帮助在东海岸建立了基督教女青年会。她的态度成了《读者文摘》的态度，即一种积极思维的态度。华莱士于1981年3月去世，这时，他创建的《读者文摘》经过半个多世纪的发展，已经成为一个庞大的企业，这份答卷应该使华莱士没有遗憾了。

微笑的肯德基爷爷——哈莱德·桑德斯

全　名：哈莱德·桑德斯
国　籍：美国
生卒年：**1890～1980**年
地　位：肯德基创始人

这位永远和蔼的老人发明了著名的"肯德基炸鸡"，在世界上首次开创了"快餐连锁"业务以及世界最大的炸鸡快餐连锁。现在，肯德基在中国的大小城市可以说是家喻户晓。那位一身白色西装、系着黑领结、蓄着山羊胡子、带着一脸慈祥微笑的老爷爷，总是风雨无阻地迎着八方来客。他就是被誉为美国"炸鸡大王"的桑德斯老人。

历尽坎坷不灰心

1890年，哈莱德·桑德斯生于美国南印第安纳州的一个小镇。

他5岁时，父亲突然病逝，没有留下任何财产，为了养活3个孩子，母亲不得不去附近的一家工厂做工。年幼的桑德斯开始在家照顾弟妹，并学会了自己做饭。7岁时，他做了一块夹肉面包，送到3英里以外的工厂让妈妈品尝，受到了母亲及工友们的称赞。12岁时，母亲改嫁，继父对他十分严厉，常在母亲外出打工时痛打他，他不得不离家出走谋生。16岁，他谎报年龄参加了远征古巴的军队。为了谋生，他还当过电车调度，开过渡轮，在南方当过筑路工人。后来，桑德斯在亚拉巴马州结识了年轻美丽的姑娘约瑟芬·金恩，几个月后就结了婚。婚后不久,他们有了一个可爱的女儿。之后,桑德斯从事过保险员、律师和轮胎推销员的工作,都取得了不错的成绩,其间虽然他遇到过很多挫折和困难,但他始终没有灰心。

抱怨声中引发的灵感

34岁那年,桑德斯终于找到了发挥自己才能的机会,为米其林公司做轮胎推销员,他充分发挥自己的想象力和创造力,取得了事业上的成功。但在1924年,不幸陶临到他的头上。一次,在开车过桥时,支撑钢绳断裂,他连人带车跌下桥。桑德斯受了伤,无法再为公司工作了。但轮胎推销员的经历给了他提示,他感到汽车将是美国未来社会的必需品,因此支撑汽车前进的加油业将会大有前途。1930年,桑德斯全家搬到肯塔基州的克本镇,在这个当年不算繁荣的小镇开了一家壳牌加油站。当时的美国正处于经济危机的大萧条中,头一星期生意很不好,大家只能靠吃燕麦度日。为了招揽生意,桑德斯在公路旁竖起了大广告牌,这使他与周围的竞争对手发生了摩擦,桑德斯开枪打伤了对方,还差点因此受到起诉。

一次,来此加油的卡车司机向他抱怨周围很难找到合适的地方用餐。桑德斯顿时感到自己的机会来了,他将一间小储藏室改造成能容纳6人就餐的小餐厅,并开始教妻子做饭。他对来加油的顾客推荐约瑟芬做的肯塔基火腿、炸鸡,大家品尝后都感到味道不错。赞誉传出后,来加油的人多了,并都会到他的餐厅就餐,桑德斯不得不扩建自己的餐厅。到1934年,小餐厅光靠桑德斯夫妇已经忙不过来了。他们雇用了已离异的克劳迪亚女士,克劳迪亚聪明能干,乐观开朗,对桑德斯的坏脾气也丝毫不介意。

不久,生意越发红火,桑德斯决定在加油站旁单独开一家咖啡店。当时,炸一锅鸡腿需要30分钟,这让专门来此品尝的人们排起长龙。桑德斯认为炸鸡的味道十分重要,他开始钻研调料,还让他的大女儿作为首席品尝师,最终创立了用11种调味品配成的秘方,至今从未改变过。1935年,肯塔基州州长对他的香喷喷的食品大加赞扬,并授予桑德斯“肯德基上校”的名誉称号,“肯德基”的名称即由此而来。

创建全球连锁店

20世纪40年代末,美国高速公路建设大规模兴起,随着公路的建成,美国人开始了前所未有的远行。同时,伴随而来的是旅馆业的发展,桑德斯发现了这一趋势,他在咖啡店旁建起了旅馆。当时,汽车旅馆的名声很不好,卫生状况差,许多体面人外出都选择住在位于市区的宾馆。为了改变这一偏见,桑德斯把自己的旅馆办得相当舒适、干净。他还在餐厅的中央拨出一间房子作为样板房间,供人事先参观以决定是否在此住宿。这起到了很好的促销作用,旅馆常常爆满。

就在这一时期,桑德斯的个人生活发生了重大变化。1947年,他与约瑟芬离婚,并于1949年11月17日和克劳迪亚结婚,从此,桑德斯开始了新生活,他开始对公共活动感兴趣。1951年,他竞选参议员,但最后落败,这使桑德斯感到应将注意力放在自己所擅长的事业上。1955年,一条新公路正好要穿过他的餐馆,桑德斯不得不以7.5万美元的价格出售了自己奋斗了25年的餐厅。此时,桑德斯已经65岁了。但桑德斯没有像许多人那样靠社会保障金生活,而是仍操旧业。他带着自己所掌握的技术和秘方,和各地的小餐馆联系,传授那些小业主炸鸡技艺,并且在质量上对他们严格要求。到1963年,他总共控制了600多家炸鸡店。到75岁时,桑德斯感到力不从心,最终他决定以200万美元的价格出售肯德基。此后,桑德斯的形象虽出现在肯德基外包装和广告中,但除此之外,他已与肯德基没有任何关系了。肯德基的成功使它的新主人决定发行股票上市,并提议给桑德斯1万股作为购买价的一部分,但桑德斯拒绝了,他从不相信股票这玩意。后来,公司股票大涨,就连他的秘书都赚了几百万。到1968年,肯德基2万余名员工,有21人因此成了百万富翁。

83岁时,桑德斯与第二任妻子克劳迪亚又创办了一家法式快餐店,这便是现在全球连锁的肯德基快餐店的雏形。但希伯莱恩公司禁止桑德斯使用自己的头像作招牌,认为这与他们使用的商标相冲突。这使桑德斯非常吃惊和伤感,桑德斯说自己一直十分慷慨地帮助别人,而今却连使用自己名字和头像的权利都被剥夺了。1974年1月,桑德斯起诉希伯莱恩公司干涉了他的自主经营权，要求赔偿1.22亿美元。对于没有一丝贪心的桑德斯来说，打官司并不是为了钱，而是为了讨回公道，希伯莱恩公司后来寻求庭外和解。1980年6月，桑德斯被诊断出患有癌症。1980年12月，桑德斯去世，享年90岁，所有肯德基分店向这位老人致哀，就连它的竞争对手——麦当劳也下了半旗。

桑德斯死后葬在肯塔基的基沃海尔公墓，那里树立的半身塑像也是他生前亲建的。他在世时，常到像前摸摸、看看。现在，他的墓地已成了著名景点。今天，遍及世界各地的肯德基分店有1万多家。桑德斯的那张笑脸没有成为历史，他还在迎接着一批又一批的食客。这位慈祥老人的笑容告诉我们：在人生的尝试中，你可能遭受千百次的失败，可能千百个岗位、千百种工作都不适合你。的确，人成功的概率少之又少，但只要你不放弃尝试，你总会遇到一次成功的机会，世界总会有一个岗位或一项工作适合你。其实，人只要有一次成功就足以改变整个人生。

让沟通无处不在——保罗·高尔文

全　名：保罗·高尔文

国　籍：美国

生卒年：**1895～1959**年

地　位：世界著名企业摩托罗拉的缔造者，曾生产出世界上第一种简易车用收音机，创造多项世界第一，带领摩托罗拉成为本行业的佼佼者，对无线通信事业做出了巨大贡献

"沟通无限"的精神正是从这里开始。

在手机逐渐普及的今天，"MOTOROLA"已经是个越来越被人们所熟知的单词。但你可能不知道，第一部对讲机、第一种简易车用收音机以及第一部可佩戴手机，上面也都写着"MOTOROLA"这个名字。正是一个叫保罗·高尔文的美国人，为无线通信事业带来了这股神奇的风潮。

独具慧眼立大志

1895年6月29日，保罗·高尔文出生在美国伊利诺伊州一个叫哈佛的小镇上。年幼的高尔文显得比同龄人要早熟很多，他对外面的世界充满了渴望和憧憬，总想着去闯荡。1856年，芝加哥和西北铁路的通车，使得哈佛这个闭塞的小镇成为重要的交通枢纽，也带来了大量的商机，孩子们为了赚钱，开始在火车上做起了爆米花生意。高尔文自然也投入到这场竞争中，凭借自己的敏捷和聪明，他赚了一些钱。但高尔文意识到，这种情况不会持续太久，于是

在大赚了一笔之后,他果断地退出了这个行当。果然,车站不久之后贴出告示禁止随便买卖。高尔文显示了他所具有的敏锐的洞察力。

18岁时,高尔文进入大学深造,但因为家境一般,他打零工挣钱,自食其力。而家里的情况却越来越糟,高尔文读第二学期时哈佛镇下令禁酒,高尔文的父亲不得不关闭赖以谋生的小酒吧,去担任铁路晚间票务代理人。高尔文对自己的无所作为深感愧疚,他把省吃俭用省下的一点钱寄给母亲,还嘱咐她“别让父亲知道”。正在这时,一战爆发,高尔文参军入伍。3年之后他光荣退役,军队生活是艰苦的,但铸就了高尔文的体魄和意志,为他以后的创业打下了坚实的基础。他发明了一种叫整流器的产品来取代原有的干电池,最初新产品销路很好,但由于是新产品,不久就出现了很多故障,为此,行政局查封了公司,并拍卖了公司所有的物品。

高尔文认准了整流器的市场价值。他坚信只要经过改良,弥补原有的不足,绝对会赢得市场,正确的预测再次让他得到了丰厚的回报。对无线电领域的不断探索,让高尔文在1928年又毅然开办了自己的制造公司。

创造两个奇迹

20世纪二三十年代,高尔文带领他的公司创造了两个奇迹。

第一个奇迹是简易车用收音机的发明。但由于安装复杂、音质不良、接收不好等问题,很多公司对这项设计望而却步,但高尔文却自信这个小玩意儿能取得成功。在实验期间,失败总是如影随形,那段时间里,高尔文还相继失去了父亲和母亲,一系列的打击几乎让他站立不住。但他顶住了巨大的压力,将注意力全部投入到新产品的研发上。1930年,他们终于生产出一台样机。虽然没钱在商协会会场租一个展位,但他机智地将汽车停在会场外,把这个样机安装在车内,以便参观者在入场前就能看到他们的收音机。这一成功的战略为公司带来了足够的订单,第一代商用车用收音机就这样诞生了。

第二项发明更是令人叫绝。1936年,战争的乌云笼罩着整个世界。一次偶然的机会,高尔文得知,由于缺少无线电通信,军队的行动受到了很大的阻碍,于是他决定进入军用无线电市场,并立即组织公司的工程师们开始研制。

样机很快生产出来，能够保证大约1英里的通话质量。结果这个小玩意儿在战争中大放光彩，赢得了许多战时订单，并为美军的胜利做出了巨大的贡献。

创业之路

1930年间，高尔文制造公司向市场投放他们生产的第一种型号的汽车收音机时，将新产品的商标定名为“摩托罗拉”，这是高尔文一天早上刮脸时灵机一动想起来的。它兼有“开动”和“收音机”的双重含义，显得既醒目又有效率。新产品受到了极大的欢迎，摩托罗拉也赢得了“美国最好的汽车收音机”的盛誉。

尽管如此，汽车收音机的问题仍然存在，由于安装程序极其繁杂，用户方面的怨言不断地反馈到高尔文那里，这大大影响了摩托罗拉的信誉和销量。有个经销商甚至愤怒地骂道：“我们这里没有人知道怎样才能把收音机安装在汽车内，如果没有人会安装它们，那么我们怎么才能把这混账东西卖掉呢?”这一技术性难题能否攻克决定着公司的生存大计，高尔文立即将公司成员组织起来开会，商讨应该如何解决这一问题。会议最后决定建立一个“公认的摩托罗拉安装站”。决议很快便得以落实，几年之后，在全国范围内发展起一支能够熟练地安装汽车收音机的大军。这保证了摩托罗拉产品迅速打开局面，在市场竞争中独领风骚。

到1937年，公司已占满了哈里森街的办公大楼，并扩展到街对面的克拉克尔·杰克大楼中去，不久又不得不建造新的办公楼和厂房。公司成功的销售业绩除了归功于广告宣传外，关键还在于高尔文那种以诚待人的经营之道。在一次经销会议上，一位经销商曾经这样不无诙谐地评价高尔文的公司：“我看到大吹大擂的事情太多了，但在这里我第一次看到没有人试图愚弄我。我不知道这是否是因为你们这些人太笨了，以致不知道怎样说谎，要不就是你们的头脑简单。可是无论如何，我回去后还让我的人员卖你们生产的这些鬼东西。”然而高尔文并不笨，相反这正是他的精明之处。他坚持要求公司人员公平地对待经销商，将公司的状况及产品情况老老实实地告诉他们。他认为如果向用户撒谎夸大产品的功效，势必会在以后引起用户们的反感和追究，所以，告诉用户真相是做好销售的基础。

高尔文还有自己一套独特的用人之道。他能记住公司每个职员所犯的错误，并非常看重他们是怎样从错误中吸取教训而得益的。高尔文有时也会对他认为无能的人发怒，但他更多的是以此为手段来刺激有能力的人，使其意识到自己的松懈或粗心。如果他感到有必要，他还会采取更为激烈的行动，帮助他们浪子回头。他会私下里找他们谈话，告诉他们还有一次机会，如果再不改观将会辞退他们，这样的谈话往往会起到立竿见影的效果，使雇员们在工作中能始终保持着旺盛的精力和热情。但高尔文并非一个没有人情味的老板，他对自己的下属也很关心和爱护，他很照顾他们的生活。如果某个雇员的家人生病了，他听说后就会打电话探询，并帮忙找来高明的医师，有时还代 自掏腰包。他还亲自干预雇员酗酒的问题，把他们叫来谈话，说服他们接受适当的治疗以摆脱恶习。

1940年的一天，《芝加哥每日新闻》的编辑打电话告诉高尔文，在威斯康星州麦科伊营地进行军事演习的军队，由于缺少无线电通信联络而行动受阻。高尔文立即派他的总工程师唐·米切尔和雷·约德到麦科伊营地实地考察。他们看到士兵们背着笨重的无线电做通信工具，用这种落后的东西去打仗，无疑会影响机动性和整支部队的反应速度，结果可想而知。米切尔当即向美国陆军通信部队的斯坦福上校保证，将以最快的速度开发出一种轻型的、便于携带的无线电话机。听到这些情况，高尔文当机立断命令米切尔全力研制这种产品。然而技术上的难题是很多的，其中一个重要的问题是重量，另一个则是在实际战斗中，由于天线的反射，敌人可能轻易地发现目标。解决的办法是找出一种黑色的、抗腐蚀的、不反射的镀镍作为材料，天线还必须能伸缩自如。

在米切尔的带领下，工程师们成功地解决了这些难题。样机很快被生产出来了，这是一部手持无线电话机，由一个话筒、头部天线和内装电池构成，重约5磅，能保证1英里内的通话质量，某些条件下可达到3英里，同时，凭着对无线电的执着爱好和艰苦探索，1948年，摩托罗拉推出了第一部商用对讲机；1973年，展示了第一部可行的便携式电话机原形；1982年，第一部车用免提电话问世；1992年，第一部可佩带手机问世；1996年，第一部全中文手机问世……可以说，没有摩托罗拉，今日风靡的短信拇指运动风暴应该会来的更晚一些。

用画笔创造奇迹——沃尔特·迪士尼

全　名：沃尔特·迪士尼
国　籍：美国
生卒年：**1901～1966**年
地　位：制作了电影史上第一部完整的动画影片，创建了迪士尼主题公园

1934年的一个晚上，沃尔特让迪士尼公司的几位主要动画师来到录音室，他给在场的每个人分配角色，让他们按照设想中的情节，表演"白雪公主"的故事。其中一个动画师肯·安德森后来回忆说："他把我们圈在那里，从8点钟折腾到半夜，我们扮演他设计好的角色，互相对话，甚至唱里面的歌和哼音乐，他呢，对我们扮演的角色做出反应。"当表演结束时，沃尔特·迪士尼向在场的所有人宣布："这就是我们将要摄制的第一部动画长片。"

米老鼠的诞生

沃尔特·迪士尼的童年并不怎么幸福，父亲经常要求他和哥哥们去打工赚钱，他们一旦表现不好就会挨打。

1918年，美国参加第一次世界大战，当年25岁的三哥罗伊应征入伍，并被派往了海外。同年7月，沃尔特高中毕业后去看望在芝加哥城边上大户海军基地接受训练的罗伊，罗伊给他讲了一些海外战争的故事，沃尔特对参军的兴趣大增。当天他就决定要入伍。征兵人员对沃尔特的年龄产生了怀疑，

要求他出示出生证明。由于找不到准确的证明，沃尔特·迪士尼便模仿父母的签字，通过了军检，成为国际红十字会的一名志愿兵。服完兵役后，沃尔特回到芝加哥，回到小时候生活过的堪萨斯。

小时候的沃尔特没有多少与众不同之处，当他和哥哥罗伊·迪士尼一起在芝加哥美术学院里学习绘画和摄影的时候，他开始对大自然、小动物产生了莫名的喜爱，他最大的愿望是当一个著名的画家。年轻时，他到一家报社找工作，他的几个朋友也在那儿工作，为了得到工作他带着自己的一些作品。但是，运气不佳，报社的负责人看了他的画说："对不起，年轻人，我们认为你的画没有什么趣味!"但沃尔特并没有因此灰心丧气。创业之初的沃尔特一面进行商业广告设计，一面成立了自己的短片电影制作公司，但很快公司就关门了。然而沃尔特信心十足，1923年，他在好莱坞卖出了一本《漫画王国的贵族》，然后和支持他的哥哥罗伊·迪士尼一同成立了迪士尼电影公司。

生活给了沃尔特巨大的灵感。由于条件有限，他常在车库里画画。一次，一只老鼠在地上玩耍，沃尔特停下来看着这只老鼠，老鼠竟大胆地向他走来。他给它一片面包，那只老鼠便走过来在他的桌子上吃起来。日复一日，老鼠经常来并得到了更多的面包。这样许多天后，这个画家和他的老鼠成了好朋友。他根据老鼠设计出了一个卡通形象，同年迪士尼公司就将它搬上了银幕，影片获得1932年奥斯卡特别奖。从此，这个可爱的米老鼠伴随着一代又一代的美国人成长起来，直至今日，它仍然是迪士尼梦幻乐园的象征。

在沃尔特的故事里，米老鼠的故事总是以成功结尾，唐老鸭的故事总是以失败结尾，其实它们都很聪明。米老鼠的聪明最后总能让它成功，抱走可爱的红嘴唇的女米老鼠；唐老鸭爱耍小聪。他的第一部彩色动画片，并为他赢得了生平第一个学术奖。

1933年，他又创作了可爱的《三只小猪》。1937年，沃尔特终于创作完成了历时3年的长篇动画《白雪公主》，这部电影耗资170万美元。这是美国，也是世界上第一部大型动画片，获得了巨大的成功。但多彩的电影幕布后面，沃尔特从童话到电影的探索之路并不平坦。

1934年，在动画制作成本高昂且没有制作经验的情况下，他冒着倾家荡产的风险，坚定地聘请了三百多位艺术家来帮他完成一项"不可能的任务"：花了整整3年的时间，拍摄成了动画片《白雪公主》。

动画黄金时代

1937年12月21日，沃尔特在好莱坞卡塞剧院正式推出了影史上第一部长篇动画电影《白雪公主与七个小矮人》。沃尔特在这部影片的制作过程中遇到了很多困难，影片花费大大超过预算，很多人都认为没有人会去看一部一个多小时全是动画的电影，有美国媒体甚至称制作《白雪公主与七个小矮人》是"迪士尼的愚蠢"。然而，影片上映后反响空前，在正式上映的第一场，很多名人都起立鼓掌。接着在1938年，由于影片中的歌曲很受欢迎，沃尔特发行了影片的原声带，这也是世界上第一张电影原声带。

1939年，沃尔特被授予奥斯卡终身成就奖，而且有一座大金人加七座小金人。

1940年2月7日，沃尔特推出第二部长篇动画电影《木偶奇遇记》。同年11月13日，又推出世界上第一部使用立体音响的电影《幻想曲》。1941年，迪士尼制片厂的动画师由于不满沃尔特的一些做法实行大罢工，后来经过罗伊的劝解，罢工停止。同年，沃尔特作为美国政府的亲善大使到中南美洲访问，《幻想曲》第三次获得奥斯卡特别奖。这一年10月23日，沃尔特推出第四部长篇动画《小飞象》。另外，由于美国参加第二次世界大战，沃尔特制片厂的大部分厂房都被美国军方征为军用。

在随后的战争期间，由于迪士尼制片厂的不少员工都被征去参军，除了发行了《小鹿斑比》，沃尔特无法继续拍摄长篇动画，因此开始拍摄中短篇幅的动画电影并制成合辑发行，如《致侯吾友》、《三骑士》、《为我谱上乐章》、《旋律时光》和《米奇与魔豆》等。

1946年11月12日，沃尔特还推出了制片厂第一部真人与动画结合的电影《南方之歌》另外，在这期间沃尔特也为美国政府拍摄了不少宣传影片。

二战结束后，很多当年参军的员工回到片场，帮助沃尔特制作影片。1950年2月15日，迪士尼再次推出了一部长篇动画《仙履奇缘》，从这开始，沃尔特的动画制作进入黄金时期。在接下来的十多年里，沃尔特推出了《小飞侠》、《小姐与流浪汉》、《睡美人》、《101忠狗》、《森林王子》等多部脍炙人口的影片。

同年7月19日，华特推出了迪士尼第一部真人电影《金银岛》。

1955年7月17日，在美国加利福尼亚州阿纳海姆(Anaheim)创建了世界上第一座迪士尼主题乐园——迪士尼乐园(Disneyland)，并开始规划位于美国佛罗里达州奥兰多的迪士尼世界(Disney World，后来被罗伊·迪士尼改为华特·迪士尼世界)。

1956年，迪士尼乐园开始施放烟火"Fantasy in the Sky"，迪士尼正式自行发行音乐唱片，成立《Disneyland Records》。

1957年，推出经典名片《老黄狗》，推出经典电视系列剧《黑龙侠》。1958年，拿下奥斯卡的纪录片《白色旷野》推出。1959年，推出动画片《睡美人》，推出经典喜剧名片《长毛狗》，迪士尼乐园开始推出"E ticket"制，迪士尼乐园推出《单轨列车》。1960年，推出《快乐小天使》、《海角一乐园》经典名片，捧红许多明星，迪士尼接下该年冬季奥运开闭幕庆典。1961年，推出动画《101斑点狗》，采用全录复印创新技术，推出经典名片《飞天老爷车》、《小红娘》，迪士尼在NBC推出《彩色世界》电视时段。

1962年，著名的角色鸭教授饭桶博士在《彩色世界》电视时段中首度登场露面，迪士尼投资位于科罗拉多丹佛的Celebrity Sports Center。1963年，华特·迪士尼秘密飞往佛罗里达物色第二座乐园地点，推出动画片《石中剑》。1964年8月29日，推出了真人与动画结合由朱莉·安德鲁斯主演的电影《欢乐满人间》(Mary Poppins)，拿下五座奥斯卡，参加纽约博览会，推出《小小世界》参展。另外，华特也开始在电视上播出《迪士尼奇妙世界》(The Wonderful World of Disney)。1965年，迪士尼乐园盛大庆祝10周年庆佛州迪士尼世界计划宣布。

1966年，迪士尼参加纽约年度花车大游行，推出首部小熊维尼短片《小熊维尼与蜂蜜树》。

1966年12月15日，华特迪士尼在他刚过完65岁生日后十天，由于肺癌医治无效，突发心肌梗塞逝世。华特的遗体被火化，骨灰被安葬在格伦代尔的森林墓地，一块杂草丛生的小块土地上，在那里，立着一块小小的纪念碑。他获得了56个奥斯卡奖提名和7个艾美奖，成为至今为止世界上获得奥斯卡奖最多的人。

保险界的支柱——克莱门提·史东

全　名：克莱门提·史东

国　籍：美国

生卒年：**1902～2002**年

地　位：美国保险公司的董事长和主要的股份持有人，同时也是阿波特—柯维尔公司的董事和主要股份持有人，并且还是霍斯思书店的董事长，他可以算得上是美国最富有的人之一

史东常和朋友说："如果做一件事时，你是为着兴趣而去的话，你的收益不仅仅是金钱，更多的是快乐。""积极的精神态度"是史东恪守的信条，所谓"积极的精神态度"，就是你每天都要重复告诉自己：我会一天比一天好。这样重复告诉自己数周、数月或数年后，你就会产生这种信念，你的身体会受这样的信念所控制，于是你便会真的一天比一天好了。

从小报童到保险推销员

史东出生于1902年，2岁时，父亲就去世了，他和母亲两人相依为命。母亲是名缝纫女工，家里的生活十分艰难，很小的时候，史东就知道为母亲分忧。课余时间，他卖报挣钱。报童们经常为争夺地盘而发生争执，他也经常被比他大的孩子欺侮。由于他从小就个性刚强，绝不示弱，结果往往是他占了上风。克莱门提·史东初中刚毕业将要升高中的那年夏天，母亲见他闲在家里，便让他试着为保险公司拉拉生意。他依照母亲的指点，来到一座办公大楼前：

这时的他不知道该从何开始，也不敢走进大楼。他站在那儿，想起了临行前母亲对他的期待与鼓励，随后，他鼓足了勇气，毅然地走进了那扇大门：他从一间办公室走到另一间办公室，不断地劝说着投保的好处，他甚至不敢有片刻的空闲，担心恐惧会乘虚而入占据内心，使他不敢再开口。他从底楼一直跑到顶楼，逢人就讲，终于争取到两位客户。尽管成果并不理想，他却非常高兴，因为这是他第一次当推销员的成绩，这已经相当令人鼓舞了。

万事开头难，只要有良好的开端，就不愁将来没有发展。由于他争取到两位客户，史东在保险公司的账户上也就有了几块钱的佣金，数字虽小，它却标志着零的突破，也是史东人生历程的一座里程碑。从那以后，史东对自己的推销才能产生了信心，相信有一天自己一定会成为一名出色的推销员。随着经验逐渐丰富，他成功的比率也日渐增加这一来，他对保险业的兴趣就更加浓厚了。一有空闲时间，他就跑出去拉生意，也越做越顺利，有时一天竟能做成十多笔生意，最多的时候做成了二十多笔。他坚信，只要对自己的能力有信心，只要保有积极向上的生活态度，他一定能够成功。

20岁那年，他来到芝加哥，设立了自己的保险代理公司，给这个公司起名为联合保险代理公司。实际上，公司上上下下只有他一个人，但开张的第一天就生意红火，拉到了五十多位客户来投保，史东因此对自己更加充满了信心。随着公司经营范围的不断扩大以及客户的增多，史东开始感到人手不足将会制约公司的发展，于是他开始招兵买马，雇佣兼职人员来为他干活。在这以前，因为事业刚刚起步，多一个人就多一份开支，他一直不想雇佣工作人员，完全凭借自己的力量来支撑起整个公司。可是今非昔比，他感到要想进一步扩展事业，就非得增加人员不可，否则，他将失去许多机会。他通过征聘的形式，从众多的应聘者中选择了几名推销员。在那些寄来的应聘信中，有本地的，也有外地的，尽管他没有录取那些外地人，却使他从中受到启发。他突然意识到可以让这些踊跃的应征者在当地为他所代理的保险公司开拓市场，他立刻将这一想法付诸实施，在那两个州雇佣一些人，帮助公司展开业务。

从这以后，他由点到面，四面扩展，相继在其他州也征聘推销人员，从东到西，由北到南，覆盖面愈来愈大。到20世纪20年代末期，他的保险推销人员已有一千多人了。为了加强对广大推销人员的管理，史东任命了各州的负责人，然后，又任命区域负责人来管理这些州负责人。他的身边还有帮手，帮助统管全国和芝加哥总部的工作。他的经营局面已基本打开，这时他还不到30岁。后来的事实也证明了他的确具有这方面的资质。通过不懈的努力，到20世纪30年代末期，史东已经是保险业界年轻的百万富翁了。

独立创业

这时，他开始着手实现自己梦寐以求的计划——成立一家独立的保烩公司，自己当老板。不再给人家当代理：要想自立门户不是一件容易的事，可幸运的是，一个机会不久便陶临了，曾经兴旺一时的宾夕法尼亚伤亡保险公司因生意萧条而停业。这家公司的所有者商业信用公司愿意以160万美元出售，正在寻找买主。

史东决定抓住这个机会，但他手头一时筹不出这么多钱。他找到商业信用公司的老板，向他表达了想要购买宾夕法尼亚伤亡保险公司的意愿，对方说："可以，你得拿出160万美元。"史东说自己暂时还拿不出那么多钱来，但他打算借贷，对方好奇地问他打算向谁借，他的答案令商业信用公司的老板吓了一跳，"向您借"。

史东斩钉截铁地说道。这听起来似乎有点滑稽，向对方借钱，买对方的东西。但史东有他的道理，商业信用公司是向外提供贷款的，只要史东有较好的信誉，商业信用公司没有理由不贷款给他。

正是他初生牛犊的勇气和机智的商业头脑撼动了商业公司的总裁，经过一番洽谈，买卖达成了。

史东的事业取得了成功，他乐于同大家分享自己的理念，于是他和拿破仑·希尔合著了《以积极的精神态度获得成功》一书，书出版后十分畅销。1962年，他又写了另一本畅销书，名为"永不失败的成功之道"。"我不是为了赚钱"，已是相当富裕的史东出书的目的当然不是为了赚钱，也并非单纯地想扩大自己的号召力与社会影响力。在他看来，保险业中"与人交往"的方法是一门很有趣的艺术，他愿意和大家一起讨论这个话题。史东又创办了一本名为"无限制成功"的杂志，这份杂志是他的保险业的附属刊物，经常刊登一些成功者的经验之谈，以及有关他们的介绍。有时，史东也亲自撰文，向他的读者一抒胸臆。史东的经营之道和冒险精神使他获得了巨大的成功,但他自己更感兴趣的是推销保险中的哲学、思想和信念。史东常和朋友说:“如果做一件事时,你是为着兴趣而去的话,你的收益不仅仅是金钱,更多的是快乐。”“积极的精神态度”是史东恪守的信条,所谓“积极的精神态度”,就是你每天都重复告诉自己:我会一天比一天好。这样重复告诉自己数周、数月或数年后,你就会产生这种信念,你的身体会受这样的信念所控制,于是你便会真的一天比一天好了。他相信这一信条可以使人成功,他教导人们如何运用这一原则进行工作。史东告诫人们,要时常对自己说“自我奋发”这一口号,一段时间后,这一口号便深植于你的心中,变成了你心理因素的一部分,它自然而然地会随时出现在你的心中。在推销中,“自我奋发”会自动地引导你走向成功的方向。史东的其他口号还有“现在就做”,“愿尝试的人才能成功,保持成功到你畏惧的地方去”。

史东认为,很多人成年后未能发展出极有用途的“自我奋发”的个性,也未有“现在就做”的习惯,碰到容易让人产生畏惧的机会时,他们便退缩;机会在他们面前溜走,他们却怪自己命运不济。这种经验在他们的一生中一再出现,于是他们便相信自己天三是失败者:史东指出,有失败态度的人,除非幸运,否则将一事无成。这种人未能随着年龄的增加而很自然地发展“自我奋发”的力量,所以就需要用重复二号的办法,用人工把这种力量根植于他们心中。

麦当劳王国的建立者——克罗克·麦当劳

全　名：克罗克·麦当劳
国　籍：美国
生卒年：**1902～1984**年
地　位："麦当劳王国"的创始人

如果你熟悉麦当劳的历史，就知道是他一手缔造了庞大的麦当劳帝国，也是他最早发掘了金拱门标志的内涵和魅力所在，并让这个标志永远地和麦当劳联系在一起，成为麦当劳的独特标记。

雷·克洛克打造麦当劳的过程极富传奇色彩，今天仍然是很多商学院的经典案例。有人对他顶礼膜拜，奉之为商业奇才；更有人把他视为自己的人生偶像。可是，有多少人崇拜他，也就有多少人讨厌他。因为，他并不是真正创办麦当劳的那个人。他只是机缘巧合搭上了一趟便车，然后又用了一点点手段，把司机赶下车，然后自己开着车跑上了高速，最终到达了美好前程。

创业的艰辛

1954年，52岁的克罗克见到了麦当劳的创始人麦氏兄弟，他决心加盟麦当劳。在这之前，他没有开过餐厅，也没有卖过汉堡，25年推销工作的经验，使他对食品工业中的外来食品业尤为重视，对食品服务业的走势可以说是了如指掌。克罗克是在一个偶然的机会走进了麦当劳。时值中午，餐厅内外都挤满了人，服务员告诉作业人员，在15秒内把客人所要的食物都送了出来。

见此情形，一个大胆的设想在克罗克脑海中蹦了出来，他认为“全国许多地方都可以开这种餐厅”。

第二天，克罗克找到麦氏兄弟，经过几个小时的商谈后，克罗克取得了推展全国连锁的权利。但麦氏兄弟提出了十分苛刻的条件：“权利费用为950美元，你只能抽取连锁店营业额中的1.9%作为服务费，其中1.4%是用于你对连锁的服务，0.5%给我们，作为使用店名和生产体系的权利金。”克罗克经过考虑，答应了麦氏兄弟的条件。1955年3月2日，他创办了麦当劳体系公司。首先，他把麦当劳作为一个企业稳定了下来，这个企业以品质而著称。克罗克告诉他的员工，不能急着赚钱，先要把工作做好，钱自然就会来的。

克罗克以大城市作为授权连锁经营的区域，但很快便缩小了范围，到1969年，连锁合同全面到对城市、街名都有严格规定的程度。为保持良好的信誉，克罗克还决定，当麦当劳决定在当地开更多的店时，加盟者有权利优先购买新店的连锁权，但无权自行开店。同时，克罗克从不把连锁权卖给实力雄厚的连锁人，以防失去对他们的控制。

这样，在克罗克的经营下，麦当劳的规模扩大了，统一管理避免了各地连锁店的混乱状态，麦当劳正在一天天地走向成熟。

但问题很快接踵而至，麦氏兄弟抽走1.9%中的0.5%作为权利金，使麦当劳的发展面临着重重困境，资金的缺乏成了最大的难题。

麦当劳上下怨声载道，人们认为如果麦氏兄弟不退出麦当劳，公司就不可能再发展。终于，麦氏兄弟开出270万美元的价格向克罗克出让麦当劳，克罗克一面设法筹款，一面委托律师办理合同。1968年，麦氏兄弟退出了麦当劳，克罗克终于可以放开手脚按照自己的想法去经营属于自己的麦当劳了。

经营之道

在克罗克买下麦当劳后．仅过了5年，他就还清了所有贷款，麦当劳的事业蒸蒸日上，克罗克领导下的麦当劳拥有一个务实积极的主管人员群体。克罗克称赞他们是“全心全意贡献给新事业的人，这个集体良好的作风的形成，归功于克罗克的以身作则；克罗克身体力行，各种小事从不麻烦别人，下班前还会把办公室整理得干干净净。他对职员提出了严格的卫生管理制度，强调：如果你有时间偷懒，那你就会有时间做清洁”。麦当劳的高级主管人员有26名，其中12人没有大学毕业，80人的总部主管中，43人没有田可学位，正是靠这些人脚踏实地的奋斗，才成就了麦当劳公司的辉煌。麦当劳的事业稳定了，但克罗克并不满足，他意识到死守阵地是不行的，必须在现有的基础上拿出自己更有优势的东西，才能有更好的发展。

于是，克罗克拿出300万美元，建立实验室，进行专门研究，改善产品质量。麦当劳的柜台高度是92厘米，可口可乐要保持4℃，面包厚度是17毫米，薯条则实行3分钟预炸，再临时炸2分钟的“芝加哥”式工作法，以确保味道鲜美，就餐方便。麦当劳还发明了贝壳式双面煎炉，4分钟烤24个汉堡肉饼。高速的工作效率，可靠的食品质量，使麦当劳赢得了顾客的青睐。克罗克深知广告公关的巨大作用，从1959年起，公司便把圣诞节当作宣传推广麦当劳形象的最初目标。在百万之众的圣诞游行队伍中，麦当劳“接待中心”的汽车行进着，为游客免费提供食物，化装成小丑的麦当劳叔叔在游行队伍中欢舞跳跃，做着逗人的怪模样。这样的宣传很奏效，没过多久，美国几乎96%的学童认同了小丑麦当劳叔叔。

除了出色的管理才能外，克罗克在经营战略方面也有许多独特之处。他对快餐市场进行了广泛而细致的调查，把麦当劳的市场定位在美国中下层家庭。这些家庭的大部分成员在一天的工作劳累之后需要经济、方便、廉价的食品，麦当劳汉堡包就成了他们的首选。为了方便顾客用餐，克罗克把快餐店开设在人们工作、居住的场所附近。在选店址时，克罗克甚至不惜动用直升机先观察周围的全景环境，然后再乘汽车进行实地考察。

克罗克非常重视科研开发，他派入协助农场和工厂改革马铃薯的种植和加工方法，在牧场推广新技术，改进养牛方法和肉品制作方法，发明高效率烹饪器材，提高包装和分销技术，这些努力自然会带来更好的产品，闻名遐迩的薯条就是一例。麦当劳公司成立不久，就耗时10年、耗资300万美元改良了薯条的制作方法，投资额之大，令许多食品商咋舌。克罗克说：“竞争者能卖与我们一样的汉堡包，我们在这方面并没有优势。不过，薯条却给了我们独特的形象。你不可能在别处买到同样的薯条，一吃就知道我们倾注了多少心血。”确实，麦当劳的薯条至今无可匹敌，被公认为薯条的“正宗”，令麦当劳深感自豪。

同时,麦当劳以免费赠送汉堡包作为对好人好事的奖赏和报酬。麦当劳积极投身公益事业、社区活动以及救灾行动。在灾害发生的地方,都能见到麦当劳的工作人员携带大批免费汉堡包前来扶危济困:当麦当劳卖出第10亿个汉堡包时,还在华盛顿制作了一个可供500人分享的世界上最大的汉堡包,,包括农业部官员在内的一些著名人士罄是这一汉堡包的分享者。此后,从1967年麦当劳便致力于广告。20世纪70年代初期的广告作品“寂寞的母亲”,描述了位寂寞的母亲在麦当劳餐厅进餐后消除了伤感情绪,该作品获得了1973年美国全国广告联盟的广告奖殊荣。1967年,麦当劳的广告费用为500万美元,到1974年增加为6000万美元,如今,它已成为美国最大的30名广告客户之一。

走向世界的麦当劳

占领了美国国内市场之后,1970年,克罗克决定进军海外,他的目标是在全世界范围内建立麦当劳王国。最初,克罗克在加勒比群岛和加拿大建立了连锁店,却意外地以失败告终,连锁店都倒闭了。克罗克总结了经验,审慎出击,他经过反复思考,决定向日本进军,克罗克还提出:不论哪一处,都必须日本化,使它至少从外表看不出来是进口的美国货。这样,就不至于使人们认为是外国的东西而加以排斥。经过精心筹划,在日本最老的三越百货公司,一间面积500平方米的麦当劳快餐店开张营业了。麦当劳在日本取得了成功,克罗克在欣喜之余得出了结论:麦当劳应该注重结合每个国外市场的“本土性”。

接着,麦当劳几乎是以同一个模式向全球进军:它首先在当地找一个保险业型的合伙人,给他相当的股份和比美国加盟者更多的自主权,让他们在当地的市场自行发挥。这样,在瑞典、新加坡、菲律宾、墨西哥、中国内地等等,麦当劳迅速地向世界进军,一张大网在全球迅速编织起来。如今的麦当劳已成为全世界知名的速食业集团。克罗克在成功面前,仍然继续考虑使公司发展得更好的方法。于是,他让麦当劳公司的主要持股人转变为所有参与者,还将公司股票分成50至500股不等,卖给精心挑选的5000名有资格分股的员工,充分调动了员工的积极性。

1984年1月14日,拥有资产3.2亿美元的亿万富翁克罗克因心脏病复发,抢救无效而逝世了。但是他所创立的“麦当劳王国”还在迅猛地发展着。在麦当劳公司总部的办公室里,还悬挂着克罗克生前喜爱的座右铭——

“才华”不能:才华横溢却一事无成的人并不少见。

“天才”不能:是天才却得不到赏识者屡见不鲜。

“教育”不能:受过教育而没有饭碗的人并不难找。

只有恒心加上决心才是万能的。

也许,这就是克罗克赢得事业的巨大成功的诀窍之一。

飞机是生命中最重要的——休斯

全　名：霍华德·休斯

国　籍：美国

生卒年：**1905～1976**年

地　位：美国当代历史上最富传奇色彩的亿万富翁，在航空业、房地产业乃至娱乐业等广为涉足，是一位典型的美国冒险家，曾驾驶飞机创造了世界纪录

霍华德·休斯是一个传奇，一个符号化的人物。他拍最好的电影、造最快的飞机、征服最美的女人，休斯所代表的气质贯穿了美国二十世纪二十到五十年代并影响至今。他的狂热冒险，他的沉醉红颜，他的乖戾言行，他的霸道人生，他的天才智慧和他的阴冷洁癖，让他永远在孤独与狂欢间时而完美，时而脆弱。而在大众眼里，他始终是一个迷。

休斯的成长经历

1905年12月24日，霍华德·休斯出生于美国休斯敦，他的父亲是个石油投机商。老休斯起先做石油生意，但并没有赚到钱。后来，他从一个朋友那里买下了一种新型的钻井机。这种钻井机具有特殊的空气压缩式回转锥，可以穿透坚硬的岩层，这对于石油开采业有着巨大的意义。为此，他申请并取得了美国国内和海外13个国家的专利，创办了“休斯工具公司”，专门生产这种钻井机，获利颇丰。小休斯就是正当父亲的事业发达的时候出世的，他是

独生子。

小休斯是一个孤僻、害羞的少年，而且极其厌恶上学。他宁愿一个人待在家里，将钟表拆散后再重新安装起来，或者尝试着将脚踏车装上电池改为电动车。休斯16岁时，他的母亲在一次小手术中，因麻醉失败而死在手术台上。两年后，老休斯也死于心脏停博，享年54岁，他留下的资产约合75万美元。在20岁以前，霍华德·休斯结了婚，他年轻的妻子艾拉·莱斯的父亲是莱斯大学的创办人。新婚燕尔，休斯夫妇来到洛杉矶。年轻的休斯对电影很感兴趣，可他初踏电影界就栽了个不大不小的跟头。一个声名狼藉的演员劳夫·格雷普斯说服休斯投资拍摄了一部由他自导自演的名为"花花公子荷根"的片子，这是休斯的第一部电影，结果一败涂地，没有人要那部片子，休斯净赔8万美元。

在他的第二部电影荣获奥斯卡奖后，休斯决定将他挚爱的两样东西完美地结合起来：霍华德·休斯酷爱驾驶飞机，有一次，当他驾着单人的私人飞机在马利布晦岸上空盘旋时，他突发奇想要拍一部空战影片。他想到1918年第一次世界大战中，英国空至中校达宁率领7架索匹兹骆驼号战斗机，从巡洋舰上起飞，轰炸德军东得伦空军基地。那是一次出色的越洋轰炸，英军只损失了一架飞机，却炸沉了2艘敌舰并击落2只飞艇。休斯决定将这次空战搬上银幕。当时还没有表现空战的电影特技，他准备用真正的飞机，拍一部比实战还要刺激还要壮观的空中大战片，片名为《地狱天使》，讲述的是飞行员兄弟和美女三角恋爱的故事，这里面有速度，有爱情，可以保证绝对卖座。

空前的大制作

为了拍这部电影，他仅在飞机使用费上就花了210万美元，租用了87架飞机，其中有法国的斯巴达战斗机、英国的SE5战斗机、骆驼号轰炸机、德国的佛克战斗机，还请了135名飞行员，2000名临时演员，摄影师人数之多几乎占好莱坞摄影师总数的一半。美国电影界都为之震动。

在拍摄过程中，他又突发奇想：鹦白德国齐柏林号飞艇袭击伦敦，要将真的飞机在空中击落。他认为这样才能使观众感到刺激，他的朋友和同事企图阻止这个疯狂的举动，但休斯毫不在乎，他坚持要购买那种飞艇，将它运用在爆炸场面中。拍摄俯冲轰炸时，他要求飞行员从距地面30米的高处冲下去，撞在地面上爆炸燃烧。没有一个飞行员愿意干，谁都知道这是拿自己的生命作赌注，后果几乎是可以预见的，没有人愿意冒这个险。休斯见状竟提出自己飞给他们看，他上了飞机，而且他的确在飞机撞向地面前跳了出来。当飞机向地面俯冲时，突然翻了个跟头，接着就呼啸坠地了。所有的人都以为他这次肯定是玩完了，但他从燃烧的飞机中爬了出来，除了脸上多添了一块伤疤外，身体竟没有大碍。出院之后，休斯继续坚持用真人驾驶来完成那个疯狂的动作场面。

但并非每个人都像他那么幸运，为了这个场面，3名飞行员和1名机械师丢掉了自己的性命，付出了惨痛的代价。1929年，《地狱天使》终于制作完毕，引起了前所未有的大轰动，被称为“空前的大制作”。

飞机制造的奠基人

别因此以为休斯是有勇无谋的莽汉，他的身份其实是飞机制造行家。他领导设计的H1飞机由于机身超短，没有人确信它能安全飞行多久，这一次休斯又决定亲自试飞。

上帝总是眷顾着他，休斯成功创造了飞行时速的世界纪录。这架H1型飞机至今仍保存在华盛顿的斯密逊航空博物馆里。日本袭击珍珠港美军基地采用了新式的零式战斗机，这种飞机的外形和性能都与H1非常相似，而且三菱重工设计计零式战斗机是在1937年，与休斯的飞机被美国陆军航空当局驳回是同一年。因此，一般人都认为三菱重工是盗用了H1飞机的设计。休斯当然更是这样想的，为此，他愤慨不已。

休斯并没停止他的冒险飞行，为了向环球一周飞行纪录挑战，他选用并改进了洛克希德公司开发的伊列克特拉14型飞机。这是一种可以乘坐12个人的中型飞机，装有2台普拉特·惠特尼引擎。他一直梦寐以求的是横跨美国大陆的飞行。1937年，经过改进的H1机型诞生了，休斯将它称为“带翅的子弹”。当天下午，他驾驶着这颗“子弹”从洛杉矶机场起飞，第二天凌晨，休斯终于平安到达纽约新华克机场，所用时间是7小时28分25秒。在当时，美国无论哪一种飞机，横跨美国大陆飞行都要9小时以上。

休斯的纪录是其他航空公司望尘莫及的。这项飞行纪录保持了7年之久，为此，休斯受到美国总统富兰克林·罗斯福的亲切接见和嘉奖。

休斯设计的另一种型号为KHl的巨型水上飞机全长97.5米，高15.2米，两翼安装有8个带有螺旋桨的普拉特·惠特尼2800型引擎，自重三百多吨，是有史以来世界上最大的飞机，可以说是“巨无霸”。军方与他签订了试制3架KHl飞机的合约，预算经费为700万美元。可是这笔钱连造一架飞机的费用都不够，实际上，军方根本没把这个计划当一回事，甚至设置重重阻力，使得飞机试制工作一再搁置。休斯不得已，只好自己又投入700万美元，这才勉强够造一架飞机的费用。

弹指一挥间，3年过去了，战争终于结束，KHl的制造虽然基本完成，但对军方来说已经没有什么意义，政府以此为由，单方面取消了试制巨型水上飞机的合约。休斯向政府提出抗议，却没有什么结果。不过他相信，这种飞机是美国飞机所能达到的极限，它将成为今后大型客机和货物运输机的雏形，他坚持要把这架飞机造出来。飞机太大了，必须把机体和机翼分别运往长堤海岸，然后在码头上组装。可是，运输却成了大问题，将近100米长的机身，单是一个机翼也有48米长，从飞机制造厂到长堤海岸有45公里，这阵的庞然大物没有哪家运输公司敢接手。后来，有一家公司愿意接下这活儿，可运费高得吓人，对方提出要8万美元，就当时的吻价，这是全美有史以来最高的运费。休斯毫不犹豫地答应了。许多人都怀疑这架巨大的飞机能否飞上天空，而休斯却用事实告诉人们，他们的担心是多余的。

1948年4月，休斯亲自驾驶着这架“巨无霸”在海面上风驰电掣般地冲刺了一段后。稳稳起飞了。电影摄像机拍下了这个历史性的镜头，美国的舆论再度沸腾了，休斯继环球飞行之后，又一次成了美国人心目中的英雄。

尽管休斯创造出这么多的财富，有这么高的声誉。但他在53岁时选择了远离灯红酒绿的大城市，在渺无人烟的沙漠地带过了18年的隐居生活。在这段时间里，霍华德·休斯跟几名虔诚的摩门教徒生活在一起，更给他的生活增加了不少神秘色彩。

或许这就是一个天才的传奇人生，外人无法理解，但可以确定的是，正是因为他对飞机的狂热，才给飞行事业带来了不断地进步和变化。

“芭比娃娃”之母——露丝·汉德勒

全　名：露丝·汉德勒

国　籍：美国

生卒年：**1916～2002**年

地　位：“芭比娃娃”的创造者，后创建了美泰玩具公司，是美国最成功的女性企业家之一

谁是世界上最迷人的女孩?是芭比。半个多世纪以来，芭比娃娃几乎成为全世界小女孩的心爱之物。随着这个大眼睛、长头发的玩具娃娃的畅销，今天的“芭比”已经成为一种文化的象征，正如遍布全球的麦当劳、肯德基一样：作为创造这个品牌的露丝·汉德勒，她用自己一生的努力，给了全球的女性以梦想和希望。

女儿带来的灵感

1916年，露丝·汉德勒出生在美国丹佛市。露丝的父亲是一位铁匠，靠一点微薄的收入来养活露丝和她的9个姐妹，母亲整日里为家庭操劳，困苦的生活似乎并没有给这个多成员的大家庭带来烦恼，父母亲从不对孩子们发脾气，姐妹之间也相亲相爱。露丝·汉德勒曾经回忆说，作为最小的孩子，她在成长过程中从不缺乏宠爱，而正是因为在爱中长大，她才能保有童心，设计出可爱的“芭比”。

19岁时，露丝上大学二年级，出于对电影的好奇，她只身来到了好莱坞，

学习工业设计。幸运的是，她在大名鼎鼎的派拉蒙公司摄影片场找到了一份工作。在这里，她遇到了自己一生的爱人埃利奥特·汉德勒，他们很快坠入爱河，不久便结了婚，婚后她和朋友共同经营一家玩具公司。一天，她看见女儿芭芭拉正在和一个小男孩玩剪纸娃娃，这些剪纸娃娃不是当时常见的那种婴儿宝宝，而是一个个少年，有各自的职业和身份，女儿玩得非常痴迷。“为什么不做成熟一些的玩具娃娃呢?”一个灵感从露丝脑中跳了出来。在当时的美国市场，小女孩的玩具都是类似著名童星秀兰·邓波儿一样可爱的小天使，但从大孩子们的兴趣来看，这种玩具却略显“幼稚”，他们需要的是跟自己年龄相仿的玩伴，而不是一个小宝宝。

到底要把自己的娃娃做成什么样子呢?露丝苦苦思索，在德国出差时她看到了一个叫“丽莉”的娃娃，十分漂亮，是照着一个著名卡通形象制作的。她长长的头发扎成马尾拖至脑后，身穿华丽的衣裙，身材无可挑剔，显得过于成熟。于是，露丝买下了3个“丽莉”，带回了美国，她告诉公司的男同事，自己想设计一种类似的“成熟”些的玩具，但是他们都认为“丽莉”衣着太暴露，是满足男人幻想的产物，并不适合给孩子们。露丝并没有气馁，她看到了两者之间的互通之处，孩子们需要的是一个已经长大的但不暴露的娃娃。小女孩在同她的娃娃玩耍的同时，更是要树立一个她长大后的理想形象。于是，“芭比”的样子在露丝的脑子里越来越成熟了，在公司技师和工程师的帮助下，芭比娃娃就这样诞生了。

以一个女人的细心，露丝请来了服装设计师夏洛特·约翰逊为芭比设计服装。1958年，他们获得了生产芭比的专利权。这种娃娃将会改变一个时代，她与以往的娃娃都不一样。她是个大人，四肢修长，清新动人，虽然身材很好，但被漂亮的衣服紧紧地包裹着，她的脸上还流露出如玛丽莲·梦露般的神秘，虽然只有11.5英寸高。最后，露丝把自己的女儿芭芭拉的昵称“芭比”给了这个可爱的娃娃。

风靡全球

第一批芭比娃娃是在日本制造的，并在1959年美国玩具博览会上首次亮相,参展的名目是“芭比——少女的榜样”。但出乎露丝意料的是,“芭比”并没有被抢购一空,而是遭到了玩具经销商的冷遇。毕竟这是一个全新的事物,是一次尝试,经销商不大愿意冒这个风险,只是勉为其难地进了寥寥几个。但一段时间后,越来越多的人被这个清新美丽的女孩所吸引,订单如雪片般飞向公司,人们已经爱上了这个迷人的娃娃。但批评的声音也在同时响起,美国妇女组织认为,芭比娃娃过于“性感”,过于“完美”,为小女孩设置了不可实现的目标,最终结果会伤害到她们的自尊心,使得她们对自己的容貌和身材感到自卑。露丝却不这样认为,“芭比”是女孩子的偶像,偶像自然是完美的,小女孩并不会因自己的偶像感到自卑的。

芭比的魅力还在于她的“多才多艺”。她当过医生、宇航员、女企业家、警官、运动员,甚至还做过联合国儿童基金会的志愿者,到目前为止,她的职业已经超过80种;她所代言的国家有45个,她可以是中国人、印度人等;她的宠物现在已经超过了40种,第一只宠物是叫“Dancer”(跳舞者)的马;她有自己的男朋友“肯”,这是以露丝儿子的名字命名的。

一个普通的玩具,却又如此真实。一方面,她的确美得不可思议,号称“千面女郎”,另一方面,却又离我们如此近,因为她和任何一个小女孩一样,有自己的喜好。从海滩女郎到政治家,芭比变化万千的形象激发了孩子们的想象力,她们希望自己在长大后也能像芭比一样。露丝曾经在她的自传里说过:“我创造芭比娃娃的理想就是,通过这种玩具的诞生,让所有的女孩子都意识到她们能够成为自己梦想成为的倒可一种人。”

她用一生实现了自己的理想。

从玩偶到文化象征

从第一个芭比诞生之日起,它就一直在被不断地改进和创新。芭比娃娃的外形历经了约500次以上的修正与改良,成为今日的样子,而最近的外貌更是以美国著名的华裔运动员关颖珊为原型。为了让芭比有漂亮的时装,从1985年至今约有10亿件以上的衣服生产出来,每年约有100款芭比新装推出。现在芭比娃娃畅销世界150个国家,总销售量超过10亿个。这个介于小女孩与成年女子之间的美国少女，是世界玩具市场上畅销最久的玩具，成为全世界男女老少的心爱之物。

芭比已经远远超越了玩具的定义，成为一个不朽的文化符号。她吸引了流行大师安迪·沃霍的视线，他对芭比的倾心，丝毫也不亚于他对玛丽莲·梦露的迷恋。90年代末的一段时期里，芭比几乎天天生活在美国人的收音机中，虽然高唱着“芭比娃娃”，的是丹麦的演唱组合。她是20世纪生活的代表，是美国女性的象征，是现代的蒙娜丽莎，就连以严肃自居的学院，也不得不屈尊研究“芭比现象”。学生们在社会学课堂上要完成这样的作业：针对芭比成为一种榜样都有过怎样的批评？你认为制造商是否应考虑这些批评？虽然这些问题可能永远没有“正确的”答案。

芭比的成功为美泰公司带来了大量财富，1966年露丝50岁时，美泰公司已经统治了竞争激烈的玩具世界，控制了美国20亿美元玩具市场12%的份额。露丝说：“即使我已经有自己的事业，我的丈夫，我的孩子，还有芭比和肯，我处于世界之巅。”

但此后露丝的生活并不顺遂。

1970年，露丝被诊断患有乳腺癌，并接受了乳房切除手术。同时，美泰公司的新主管开始将公司产品多元化，不再把生产玩具作为重心，这一政策最终导致露丝和她的丈夫被迫远离他们当初创建的公司业务。1975年，露丝辞去了总裁职务，离开了自己和丈夫创立的公司。

美国报业第一夫人——凯瑟琳·格雷厄姆

全　名：凯瑟琳·格雷厄姆

国　籍：美国

生卒年：**1917～2001**年

地　位：她将《华盛顿邮报》引入辉煌

她以一份报纸扳倒了美国总统尼克松，成为美国新闻史上“传奇人物”；她是《财富》杂志500家公司中第一个女性的“一把手”。而她曾经只是个异常羞涩的小女孩，是丈夫背后的家庭妇女，4个孩子的母亲，但一个偶然的机会改变了这一切。乔治·W·布什对她的评价极富代表性：“她是一位真领袖、真淑女，是一代传奇。”在那个时代中，她让人性中最为高贵的气质——勇气与正直，在历史的长河中显得如此灿烂……

犹太人家庭

父亲尤金·梅厄因投资得法，资产已达数百万美元，是名震华尔街的大银行家。后来，梅厄出任公职，担任过胡佛总统手下的美联储主席。杜鲁门执政时，他担任过世界银行的首任行长。凯瑟琳出生在衣食无忧的上流社会家庭，但她没享受到多少父母的关爱，她因为长相一般而感到自卑。上大学时，她的同学怎样也无法理解，这个全美最富有家庭之一的孩子，怎么会只有两条裙子与两件毛衣，而她自己对这些并不是很在意。

尽管性格内向，胆小怕羞，但凯瑟琳从小就勤奋好学，爱好写作。1938年从大学毕业后，凯瑟琳曾在《华盛顿邮报》担任读者来信版主编，日薪25美元。这期间，凯瑟琳遇到了一位年轻的律师，也就是她后来的丈夫菲利普·格雷厄姆。当菲利普向她求婚时，她简直喜出望外，她几乎不敢相信一个从哈佛大学毕业、风度翩翩的精英人士会喜欢上羞涩胆小的自己。

1933年，在一次破产拍卖会上，父亲梅厄以低价购下了《华盛顿邮报》，当时它的日发行量只有5万份，亏损严重，在当时华盛顿的5份报纸中，质量最差、读者最少。《华盛顿邮报》在丈夫菲利普接手后稍有起色，但仍然难以步入一流的行列。这时的凯瑟琳依旧内向羞怯，乖乖地躲在丈夫身后相夫教子。1963年8月的一天，菲利普在自家农场的屋中开枪自杀身亡，一时间凯瑟琳觉得天都塌了，孩子还小，她不知该何去何从。当时，几乎所有人都预言公司必将很快被出售，报上甚至评论说："有许多原因说明为什么要出售一家经营不太好的报纸，一个岁数大的业主没有继承人，只有一个寡妇……"但出乎所有人的意料，凯瑟琳决定自己经营《华盛顿邮报》，她开始向周围那些成功人士学习新闻的基本业务和经营手段。她管理的核心是女性特有的宽容和无私，更重要的是，她学会了任用比自己更优秀的人才，并且虚心求教，广泛征求意见，她的报社因此得到了好几位普利策新闻奖得主的支持。

1965年，凯瑟琳做出了重大决策，提拔著名记者本·布莱德利担任邮报的总编，并放权让各级主管、编辑、记者充分发挥自己的能量，闪闪发光的明星记者让报纸纸的水准在短期内获得了最快的提升，《华盛顿邮报》办得红红火火。

小报纸扳倒总统

这时，两件事让凯瑟琳赢得了尊敬。1971年，《华盛顿邮报》记者得到了国防部秘密越战研究的报告，但因内容太过敏感，著名的《纽约时报》都决定放弃报道。尽管非常紧张和害怕，凯瑟琳仍勇敢地决定将该项报告见报，她获得了胜利。从那个时候起，《华盛顿邮报》已经不再是一张小报，人们提起它的时候，那口气就像提起《纽约时报》。

5名男子因私自闯入水门饭店民主党总部而被捕。绝大多数传媒只把此事当成小新闻。但《华盛顿邮报》却进行了深入调查，终于发现共和党政府试图在民主党总部安装窃听器，破坏民主党的竞选活动。当时执政的尼克松政府为了掩饰丑行，不断向《华盛顿邮报》施压，警告凯瑟琳不要“出风头”，司法部长更是暴跳如雷，还威胁说凯瑟琳·格雷厄姆会被大绞肉机绞住的。在白色恐怖的气氛中，凯瑟琳一直坚定地支持旗下的编辑记者：“我们已游到河水最深的地方，再没退路了。”她把司法部长的话登在了第二天的报纸上，所有的人都惊呆了，舆论也纷纷倒向凯瑟琳这一边。《华盛顿邮报》不顾尼克松政府的多次威吓，硬是一追到底，引起了美国新闻界对“水门丑闻”的轮番轰炸，尼克松不得不提前下台。《华盛顿邮报》最终赢得了新闻史上里程碑式的胜利，也因报道“水门事件”而赢得了1973年普利策金奖——公共服务奖。

事后，凯瑟琳的一位朋友送她一个小小的金质绞肉机，她还常常将它挂在脖子上。这个小时候自卑、羞怯的小女孩儿，这个从不喜欢宣称自己是女权分子的人赢得了“世界最有权势的女人”的称号，成了一位用勇气与政治扳倒美国总统的女人，成了当世的不朽传奇。更重要的是，新闻业得以大放异彩，她对自由与正义的追求赢得了无比的尊敬。

凯瑟琳总是襟怀坦荡、公正处事。她十分信任和忠于为她工作的记者和编辑们，从来都是勇于承担责任，遇事绝不后退半步。

对此，亨利·基辛格非常钦佩地说：“她的传奇是一种智慧、勇气和高质量生活的象征，她是一个不可替代的人。”而她独立、有魅力的个性，又让她广交挚友：黛安娜、比尔·盖茨、小布什夫妇都是她的座上客。比尔·盖茨说：“在理解他人和与人沟通方面，她具有超人的能力，她是一个可爱的朋友。”

令人惊羡的女企业家

凯瑟琳上任《华盛顿邮报》总裁时，只想守住这份家产，等孩子们长大了再接过手去。没想到自己一干就是30年，而且企业越办越好。1963年，邮报总收入只有840万美元，旗下子公司只有《新闻周刊》和两家电视台。到1993年，她将首席执行官和董事长之位交给儿子唐纳德时，邮报已发展成为包括报纸、杂志、电视台、有线电视和教育服务企业在内的庞大新闻集团，总收入达到了14亿美元。凯瑟琳·格雷厄姆是美国第一位名列《财富》500强中的女企业家。1974年,凯瑟琳成为美联社历史上第一位女董事,并任满最高的9年任期。同时,她还出任美国报业出版商协会主席等职。她成功打入之前专属于男性的新闻行业,被国际新闻协会遴选为全球50名新闻精英人物之一。

1997年,她将《华盛顿邮报》发行人的大权下放,只保留了董事会主席的职务。从公司日常事务中抽身之后,她动手写出了脍炙人口66自传《个人历史》,这本灌注真情实感的自传,1997年一出版就成为畅销书,并于1998年荣获普利策奖。

2001年7月14日,在前往爱达荷州勃口一个媒体高级负责人年会时,格雷厄姆不慎在水泥道上摔倒,头部受伤,之后被紧急送往医院进行救治。虽然经过几天的治疗,但是终因伤势过重,不治身亡。医院发言人表示,格雷厄姆跌倒后便失去知觉,脑部严重受伤,在接受多次手术治疗后回天乏术。从生前被称为"新闻界最有权势的女人",到逝世后被誉为"华盛顿乃至全美传媒的第一夫人"。凯瑟琳一生地位尊荣,声名显赫。然而造就这位报界"女皇"的力量是"发展于美国,奉献于世界"的新闻专业主义。

“省”出来的世界富豪——山姆·沃尔顿

全　名：山姆·沃尔顿

国　籍：美国

生卒年：**1918～1992**年

地　位：世界第一零售商沃尔玛连锁超市的董事长

“山姆·沃尔顿，地道的美国人，具体展现了创业精神，是美国梦的缩影……”这是山姆·沃尔顿获得自由奖章时，美国前总统布什在家奖状中所写。山姆·沃尔顿一生都在勤勉地工作。

有趣的3个原则

山姆·沃尔顿，沃尔玛集团的创造人，在他的经营理念中，一直遵循着3个有趣的原则：“太阳下山”原则、“3米”原则和“8颗牙齿”原则，将人人都会说的“顾客第一”宗旨彻彻底底地融入了这3个原则中。

“太阳下山”原则是指时间上的服务：尽管沃尔玛各连锁店的生意都十分红火，店员非常忙碌，但当天的事情在太阳下山之前必须干完。无论是宁静的乡村还是繁华的市中心，只要顾客提出要求，店员就必须在当天满足顾客。

“3米”原则是指距离上的尊重：无论何时，只要顾客出现在3米距离范围内，沃尔玛的员工必须微笑着看着顾客的眼睛，主动打招呼，鼓励他们向你咨询和求助。

同时，对顾客的微笑还有量化的标准，即对顾客露出你的“8颗牙齿”，这就是“8颗牙齿”原则。

其强烈的文化特色就是卓越的顾客服务。山姆说过:“顾客能够解雇我们公司的每一个人,他们只需要到其他地方去花钱,就可做到这一点。”在沃尔玛,只有顾客才是老板,顾客永远是对的。沃尔玛的运营方式也一切从简,目标就是“要为顾客省下每个不必要的1美元”。

创新和节俭

山姆出生于美国金菲舍镇,是一个土生土长的农村人,从小家境就不是很富裕,父亲一直在经济领域谋职,于过银行职员、农场贷款评估人、保险代理和经纪人,是个讨价还价的好手,而且总能和交易的对方成为朋友。山姆的母亲对他的影响很大,虽然她只是一个普通的劳动妇女,却养成了许多良好的生活习惯。她酷爱读书,对人热情,做事勤奋,将家里人都照顾得很好。由于家境不好,母亲一直很节俭,这些品质后来都被山姆继承下来,为他以后的成功奠定了基础。

7岁的时候,山姆就开始打零工,他靠送牛奶和报纸赚得自己的零花钱,另外还饲养兔子和鸽子出售。18岁的时候,山姆进入密苏里大学攻读经济学学士学位,并担任过大学学生会主席。

毕业后正值二战爆发,山姆毅然参军,在陆军情报团服役。二战结束后,山姆回到故乡,他向岳父借了2万美元,和妻子海伦开了一家小店,学会了采购、定价、销售。一次偶然的机会,山姆了解到连锁零售的好处和实惠。他说:“如果我用单价80美分买进东西,以1美元的价格出售,其销量是以1.2美元出售的3倍!

单从一件商品上看,我少赚了一半的钱,但我卖出了3倍的商品,总利润实际上大多了。”直到今天,这一价格哲学依然被很好地继承下来。另外,山姆将眼光放在被其他大型廉价商店“轻视”的小镇上,他把即使少于5000人的小镇都列入连锁店范畴,再以星火燎原之势杀回各大城市。正是这些商界竞争对手拱手相让的市场,让沃尔玛的发展一日千里。几十年如一日,沃尔玛维系着很强的自尊:所有商品都要以最低的价格销售,不能有另外的店出售比沃尔玛更低价的商品。当顾客想到沃尔玛商店时,他们就会想到低廉的价格和质量的保证,他们可以确信,不可能在其他地方发现更便宜的价格。

"创新"也是山姆所信奉的法则。当其他零售商还在钻"信息化"这个问题的牛角尖时,沃尔玛已经拥有了自己的私人卫星网络,第一时间将全球运营收入眼底。条形码、无线扫描枪、计算机跟踪存货也是山姆的得意之作。这些费用自然要用无数个"1美元"才能堆积而成,但山姆说:"它们才是将钱真正花在了刀刃上。"

山姆一生都很节俭,直到后来成为美国首富,他也没购置过豪宅,一直住在本顿维尔,他和家人还是驾着一辆老旧货车在沃尔玛连锁店购物。镇上的人都知道,山姆是个"抠门"的老头儿,每次理发都只花当地理发的最低价5美元。但是,这个"小气鬼"却向美国5所大学捐出了数亿美元,并在全国范围内设立了很多奖学金。他总是恪守着珍惜每一分钱的原则,和家人过着平凡的生活。

这个看似平常普通的人,却扎扎实实地一步步发展起自己的商业王国,他把"为顾客着想"的原则贯彻到底,由此也赢得了巨大回报。山姆一生中得到了许多奖项,当然其中最让他感到高兴的是布什总统亲自授予他的"总统自由奖章",地点就在沃尔玛公司总部的大礼堂,山姆曾无数次主持周六晨会的地方。山姆说"这是我们整个事业最辉煌的一刻。"

美国人的"美国梦"

1985年10月,山姆·沃尔顿第一次被《福布斯》杂志列为全美富豪排行榜的首位。山姆和沃尔玛商店一夜之间成为全美公众关注的焦点,大批记者拥向山姆的住所。然而,当他们看到这位美国第一富豪过着最简朴的生活时,不禁大失所望:山姆穿着一套自己商店出售的廉价服装,戴着一顶打折的棒球帽,开着一辆破旧不堪的小货运卡车上下班,车后还安装着关猎犬的狗笼子。

说山姆·沃尔顿是沃尔玛的灵魂,实在毫不为过。山姆不但亲手创造了沃尔玛,而且在将近30年的岁月里,一直亲自领导它的日常业务,决定着它的发展方向，并以自己的风格、个性、理念深刻地影响着它，使沃尔玛不仅创造了二战后美国零售业的最大奇迹，并且成为美国零售巨型公司中最有个r生的公司。

山姆一生都在勤勉地工作。他60多岁时，每天仍然从早上4点半就开始工作，直到深夜；偶尔还会在某日凌晨4点访问一处配送中心，与员工一起吃早点、喝咖啡。他常自己开着飞机，从一家分店跑到另一家分店，每周至少有4天花在类似的访问上，有时甚至6天。在周末上午的经理会前，他通常凌晨3点就到办公室准备有关文件和材料。70年代时，山姆坚持一年至少对每家分店访问两次，他熟悉这些分店的经理和许多员工。后来，公司太大了，不可能遍访每家分店了，但他仍尽可能地往来其间。

在一个崇尚个人奋斗和企业家精神的国家，山姆·沃尔顿的一生可谓非常精彩。1992年，深居简出的山姆去世了。按照遗嘱，他的股份分给了妻子、3个儿子和1个女儿。沃尔顿家族5人2001年包揽了《福布斯》全球富翁榜的第7至第11位，5人的资产总额达到931亿美元，比世界首富比尔·盖茨高出344亿美元，成为世界上最富有的家族。

永不屈服的传奇英雄——李.艾柯卡

全　名：李·艾柯卡
国　籍：美国
生卒年：**1924**年～
地　位：**36**岁时成为福特**CEO**

他曾担任过福特汽车公司的总裁，后又担任克莱斯勒汽车公司的总裁，并把这家濒临倒闭的公司从危境中拯救过来，奇迹般地东山再起，使之成为全美第三大汽车公司。美国人艾柯卡锲而不舍的奋斗精神使人们为之倾倒，一时间，他成为美国人心目中的民族英雄。

从公司总裁到失业人员

1924年，艾柯卡生于美国宾夕法尼亚州。艾柯卡的父亲尼古拉12岁搭乘移民船来到新大陆，白手起家，略有一些资产。父亲在大萧条的艰苦岁月中，始终秉持着乐观的态度和坚定的信念，这给艾柯卡留下了深刻的印象。每当艾柯卡遇到困难时，父亲总是深情地鼓励他要勇往直前，不要半途而废。

父亲尼古拉喜爱汽车，很早就拥有一辆福特汽车公司最早期的产品福特T型车，平时一有空就摆弄汽车。这一嗜好也遗传给了儿子，而儿子后来的事业都与汽车有关。早期的意大利移民，在美国备受歧视，艾柯卡是个有骨气的人,学习成绩总是名列前茅。他毕业于美国利哈伊大学,取得了工程技术和商业学双学士学位,后又在普林斯顿大学获得了硕士学位,其间,还学过心理学。1946年,22岁的艾柯卡来到底特律,在福特公司当了一名见习工程师。然而,艾柯卡对整天同无生命的机器打交道的工作感到索然无味,他感兴趣的是在销售部门学习如何同人打交道。经过一番努力,十B特公司宾夕法尼亚州的地区经理终于给了他一个机会,他当上了一名推销员。

推销员的工作充满了酸甜苦辣。艾柯卡虚心好学,十分努力,很快掌握了推销的要领。不久,他被提拔为宾夕法尼亚州威尔克斯巴勒的地区经理。汽车业的关键在于销售。艾柯卡从中明白了想在汽车这一行获得成功,必须和销售商站在同一立场上。在此期间,艾柯卡受到了一位知名人士的影响,此人是福特公司东海岸经理查利,他也是工程师出身,后来转入推销和市场工作。有一次,在本地区的13个小区中,艾柯卡的销售情况最糟。

他为此而情绪低落,查利把手放在他肩上说:“不必垂头丧气,总有人要得最后一名的,无须为一次的失败烦恼太久。”说完他走开了,不过他又回过头来说:“但请你听着,可不要连续两个月得最后一名!”

在他的激励下,艾柯卡开动脑筋,想出了一个推销汽车的绝妙办法:谁购买一辆1956年车型的福特汽车,只要先付20%的货款,其余部分每月付56美元,3年付清。这样,一般消费者都负担得起。艾柯卡把这个办法称为“花56元钱买56型福特车”。

这个诱人的广告,使福特汽车在费城地区的销量像火箭般直线上升,仅仅3个月,就从原来的最末一名,一跃而居全国第一位。福特公司把这种分期付款的推销方法在全国各地推广后,公司的年销量猛增了7.57辆,艾柯卡也因此名声大振。不久,公司晋升他为华盛顿特区经理。到1960年时,艾柯卡仅仅比他大学时的誓言,“要在35岁担任福特公司副总裁”晚了一年。

从逆境叫崛起

艾柯卡历尽辛苦研制出了闻名遐迩的“野马”型新车,后来的“侯爵”“美洲豹”和“马克3型”高级轿车型的推出,更是大获成功。1970年12月10日,艾柯卡终于如愿以偿地登上福特汽车公司总裁的宝座，成了这家美国第二大汽车企业中地位仅次于 福特老板的第二号人物。但命运却急转直下，因为“功高盖主”，他被大老板亨利·福特开除了。艾柯卡在福特工作已32年，当了8年的总经理，一帆风顺，从来没有在别的地方工作过，突然间什么都没了，艾柯卡几乎无法承受这个打击。

不仅如此，亨利·福特还要对艾柯卡的支持者进行一次彻底的清洗，谁要是继续保持与他的联系，就有被开除的危险。艾柯卡被解雇一周后，负责公共关系的墨菲，接到了大老板亨利·福特打来的电话：“你觉得艾柯卡怎么样？”“不错。”墨菲回答。“那你被开除了。”一切就是这么简单，这么轻描淡写。

一时间，艾柯卡没有了事业，更失去了朋友，仿佛他在世界上已无立足之地。“野马之父”一类的赞誉再也不属于他。昨天他还是英雄，今天却好像成了人人避而远之的麻风病患者。接下来的路该怎么走呢，除了做个深呼吸，咬紧牙关尽其所能外，实在也别无选择，这是艾柯卡内心的真实写照，他是这么想的，也是这么做的。

在他被解雇之后，由于曾经的威名，许多大公司诸如洛克希德、国际纸业公司等，都对他发出过邀请。但艾柯卡认为，54岁是个尴尬的年龄：退休太年轻，在别的行业里另起炉灶又太老，况且关于汽车的各种元素已经融入了他的血液，他不仅仅是了解这一行，更热爱这一行。他接受了一个新的挑战——应聘到濒临破产的克莱斯勒汽车公司出任总经理。他要从零开始，再写一次辉煌。此时的克莱斯勒完全是一团乱麻，内部分裂，毫无团结力，产品粗制滥造，公司巨额亏空，亏损严重……为了拯救克莱斯勒，艾柯卡提出了如果有人光等待别人为他付出，自己却袖手旁观，那就会一无所有。尽管最初大家并不是很理解这句话的真正含义，但榜样的力量是无穷的，老总的表率作用是最好的动员令。

从各级领导到普通员工，人们渐渐地达成共识，唯有全民皆兵，拧成一股绳，才能共渡难关，否则吃亏的还是每个人。大家毫无怨言，心甘情愿地勒紧裤腰带，整顿财务，任用人才，将每一分钱都花在刀刃上，以期尽快地推出适销对路的产品。1982年，“道奇400”新型敞篷车先声夺人，畅销市场，使得克莱斯勒公司一举改变颓势，多年来第一次走在其他公司前面。

艾柯卡曾经说过：“齐心协力可以移山填海。”1983年，艾柯卡把他生平唯一仅见的面额高达8.1348亿美元的支票,交给银行代表毛蜜重莊·森斯勒,还清了所有债务。而恰恰是5年前的这一天,亨利·福特开除了他。

独特的用人理念

艾柯卡曾说过:“一切企业经营归根到底就是3个词:人才、产品和利润。没有了人才,后两者都无法实现。”这充分表明了他对人才的重视。同时他还说:“我在设法寻求那些有劲头的人,那些人不需要太多,有25个我就足以管好美国政府,而在克莱斯勒大约有12个这样的人。”艾柯卡用好这12个人的关键在于他的知人善任。其次,他总是尽力鼓励部下提出切实可行的建议。

在他们拿出具体办法前,他尽量做到不去干预和影响他们的构想。他还习惯在与下属交谈后,让对方将所说的意见写成书面文字,使这些想法具体化,以弥补纸上谈兵的缺陷,防止自己只是被他们的想法打动而采纳了不成熟或者不切实际的意见。

同时,他还十分注重维护下属的积极性,他通常这样说:“假如你要表扬一个人,请用书面方式;假如你要使被批评者不至于过分难堪,那么,请用电话。”书面表扬能体现对成绩的看中和充分肯定。

当下属在工作中出现失误时,当面批评所带来的过分的难堪则会大大地挫伤乃至毁灭他们的积极性。艾柯卡在任福特公司总裁时,他的周围聚集了一大批优秀的管理人才。而当他离开福特到克莱斯勒汽车公司任总经理时,这批人又纷纷涌向克莱斯勒,他们放弃了福特优厚的待遇,谢绝了福特的一再挽留,而甘愿和艾柯卡一起冒风险。由此可见,艾柯卡高尚的人格魅力。

无论是传奇般的经历,还是他奇特的用人艺术,艾柯卡用公司辉煌的业绩说明了自己的成就。1986年,克莱斯勒公司排在全美500家公司之首。他的照片频繁地出现在报刊上,他的演讲受到热烈欢迎,他的自传成了世界畅销书,因为他大起大落的成功经历,给衰落的美国企业带来了复兴的希望。

最伟大的推销员——乔·吉拉德

全　名：乔•吉拉德

国　籍：美国

生卒年：**1928**年～

地　位：最聪明、最成功的推销员，保持着**4**项汽车销售的吉尼斯世界纪录

以销售汽车创下4项吉尼斯世界纪录

乔·吉拉德是全球单日、单月、单年度，以及销售汽车总量的世界纪录保持者，吉尼斯纪录上以“全球最伟大的销售员”来形容他。1978年1月，吉拉德宣布退休，他所缔造的纪录，迄今未被打破。但乔·吉拉德15年的汽车销售员生涯，遭遇过美国经济大环境最紊乱的时刻，1964年越战开打，美国经济受战事拖累，1973年全球又爆发第一次石油危机，使得美国汽车销售量下滑，但他在如此的逆境十，一年还能卖出1400多辆车子。

2001年，乔·吉拉德跻身‘‘汽车名人堂”，这是汽车界的最高荣誉。截至去年底，名列其中的209位名人，都是汽车业界的先驱与灵魂人物，包括福特汽车创办人亨利·福特、本田汽车创办人本田宗一郎、法拉利创办人恩佐·法拉利等人。乔·吉拉德，是唯一以汽车销售员身份进入名人堂的。

乔·吉拉德，30年代出生于贫民窟，小时候做过擦鞋童。然而，从底特律东区贫民窟，到环境幽雅的迪尔伯恩汽车名人堂这是底特律的两个世界，两地只相距37公里，但乔·吉拉德花了一辈子的时间才走到。

35岁走投无路去卖车

35岁时，乔·吉拉德跌落到最幽暗的人生谷底，他曾说过："在我人生的前35个年头，我自认是全世界最糟糕的失败者！"走投无路时，乔·吉拉德向朋友求得了汽车销售员的工作，上班第一天他卖出了第一辆车给一位可口可乐销售员，而能向老板预支薪水，从超市买一袋食物回家让妻儿饱餐一顿。"在我眼中，他(指第一个客人)是一袋食物，一袋能喂饱妻子儿女的食物，那天回家我对太太琼发誓，从今以后不再让她为温饱而烦恼。"他说。

20世纪60年代，被喻为"汽车城"的全球汽车工业重镇底特律，至少有39家大型的汽车经销营业所，每家又各有20一40人不等的销售员队伍，可说是全世界竞争最激烈的没有硝烟的"战场"之一。

通往成功没有捷径，只能一步一步攀登，这是乔·吉拉德所信奉的理念。凭着不想再回头过苦日子的决JL与毅力，乔·吉拉德自创许多行之有效的行销做法，在上千汽车业务重兵集结的底特律，杀出一条血路。

因为有严重的口吃，让靠嘴谋生的乔·吉拉德特意放慢说话速度，比其他人都更注意聆听客户的需求与问题：人际关系匮乏的乔·吉拉德，最初仅靠一部电话、一支笔和顺手撕下来的4页电话簿作为客户名单拓展客源，只要有人接电话，他就记下对方的职业、嗜好、买车需求等生活细节，虽吃了不少闭门羹，但也得到了一些收获。曾有人在电话中用半年后才想买车的理由打发他，半年后，乔·吉拉德真的如期打电话给这位客户。他靠着掌握客户未来需求、紧迫盯人的粘人功夫，做成了不少生意。

靠执着与苦功扭转人生

乔·吉拉德很有耐性，不放弃任何一个机会。或许客户5年后才需要买车，或许客户2年后才需要送车给大学毕业的小孩当礼物，不管等多久，乔·吉拉德都会隔三岔五地打电话追踪客户，一年12个月更是不间断地寄出不同花样设计但永远印有"I like you!"字样的卡片给客户，最高纪录曾每月寄出16000

张卡片。

乔·吉拉德还特意把名片印成橄榄绿，令人联想到一张张美钞。每天一睁开眼，他逢人必发名片，每见一次面就发一张，坚持要对方收下。乔·吉拉德解释销售员一定要让全世界的人都知道“你在卖什么”，而且一次次加深印象，让这些人一想到要买车，自然就会想起“乔·吉拉德”。乔·吉拉德有一个特别的习惯，喜欢在公众场合“撒”名片，例如在热门球赛观众席上，他便整袋整袋地撒出名片，他承认这是个很怪异的举动，但就是因为怪异，人们才会记得，而且只要有一张落入想买车的人手中，他赚到的佣金就超过这些名片的成本了。

直到现在，乔·吉拉德还是保有到处广发名片的习惯，他说虽然已经不卖车，却还是卖书、卖自己的人生与销经验，寻求各种可能的演讲与曝光机会。因此，到餐厅用完餐，他总是在账单里夹上四张名片及丰厚的小费，经过公共电话旁，也不忘在话机上夹两张名片，永远不放弃任何一个机会。

花了3年时间站稳脚步，乔·吉拉德很快打响了名号，实现大逆转。他第三年卖出343辆车，第四年就翻涨，卖出614辆车，从此业绩一路长红，连续12年成为美国通用汽车零售销售员第一名，甚至变成世界最伟大的汽车销售员。

放弃跳槽升迁15年只当销售员

15年间，业绩突出的乔，吉拉德有很多跳槽、升迁的机会，但是是他总是拒绝，他名片上的头衔始终是“销售员”。选择当一辈子的销售员，不是不在乎头衔，而是更在乎“钱”。他得意地说：“老板只做管理，真正为公司赚钱的是我!我赚的比老板还多！你知道，头衔对我的生意是什么吗?让我告诉你，头衔一点都不重要，因为我的头衔就叫MONEY!”乔·吉拉德以兴奋的语气强调。

因此，乔·吉拉德能持续每天在前线从事推销工作，享受每一次成交所带来的快感与金钱奖赏。他兴奋地指出：“今天我卖出6辆，明天我就渴望成交10辆!我感觉每成交一次，其实都像是被顾客升迁了一次!”

销售秘诀

销售是需要智慧和策略的事业。在每位推销员的背后，都有自己独特的成功诀窍，乔的推销业绩如此辉煌秘诀就在于主动出击，用真情打动客户。

有一次，一位中年妇女走进乔·吉拉德的展销厅，说她想在这儿看着车打发一会儿时间。闲谈中，她告诉乔·吉拉德她想买一辆白色的福特车，但对面福特车行的推销员看她开了部旧车，以为她买不起新车，就借口要去收一笔款让她过一个小时后再去，所以她就到乔·吉拉德这儿看看。她还说那天是她的生日，这是她送给自己的生日礼物。乔·吉拉德反应迅速，他祝福那位中年妇女生日快乐，将一打玫瑰花送给了她，那位夫人很受感动，眼眶都湿了，接着乔·吉拉德向她介绍了一款同样是白色的双门式轿车。中年妇女很快改变了主意，在乔·吉拉德那儿买了一辆雪佛莱，并开了一张全额支票。从头到尾，乔·吉拉德的言语中都没有劝她放弃福特而买雪佛莱的词句，只是因为她在他那里感觉受到了重视，于是放弃了原来的打算，转而选择了他的产品。

"他们不仅仅是我的顾客，"乔·吉拉德曾经说，"我把他们看成我亲爱的朋友们，我愿意分担他们的快乐和不痛快。我没有用任何有色眼光盯着他们的钱包，我付出真诚，所以虽然我们认识的时间不长，但心灵的距离已经很近，我因此感到快乐。"

乔·吉拉德退休后回到家乡，住在一座小房子里。有一天，3个小男孩放学后开始来这里玩，他们把几只破垃圾桶踢来踢去，吉拉德受不了这些噪音，于是去跟3个男孩谈判。"你们玩得真开心，"他说，"我很喜欢看你们踢桶玩，如果你们每天来玩，我会给你们每人一元钱。"3个男孩很高兴，更加起劲地表演他们的足下功夫。过了3天，老人忧愁地说："通货膨胀使我的收入减少了一半，从明天起；我只能给你们每人5毛钱。"3个男孩很不开心，但还是答应了这个条件。一个星期后，老人愁眉苦脸地对他们说："最近没有收到养老金汇款，对不起。每天只能给你们每人2毛钱了。""2毛钱?"一个男孩脸色发青，愠色道："我们才不会为了区区2毛钱待在这里陪你玩。"这就是吉拉德的智慧。

CNN的冒险国王——特德·特纳

全　名：特德·特纳

国　籍：美国

生卒年：**1938**年～

地　位：全美最大的有线电视新闻网创始者，开创了世界上第一个全天候**24**小时滚动播送新闻的频道，也是世界上最早出现的国际电视频道

1991年海湾战争期间，美国中央情报局局长威廉通过间谍卫星得知伊拉克发射了“飞毛腿”导弹的消息，他马上把这个信息告诉了国家安全事务顾问斯考克夫特。斯考克夫特问威廉：“它会落在什么地方呢?”“打开电视看看，看CNN说它落在什么地方。”威廉满怀信任地说。正是特德·特纳打造出的CNN，成为全世界人民获取信息的指标。

传奇的经历

1938年11月19日，特德·特纳出生在美国辛辛那提一个富裕的家庭里。从五年级起，父亲就把特纳送到军事院校锻炼，暑假期间必须去农田里干活，获得的一半报酬要上交作为家里的食宿费用，当特纳抱怨时，父亲却说，如果你可以找到更便宜的膳宿，可以去那里，不必待在家里。

二战期间，这个冷硬的父亲在海军服役，只带走了妻子和女儿，把6岁的特纳留在了寄宿学校，这种遗弃和不安的恐瞑缠绕了特纳一生。而在那个军

事院校里，特纳也得不到一个孩子所需的温暖和呵护，他学会了在敌意的环境中挣扎生存，因为没有人会喜欢一个外来的闯入者，他们叫特纳“可怕的特德”。虽然他在这里得到过辩论赛的冠军，但是没有人主动和他交好，特纳极度厌恶这种感觉。

因为从小个子矮小，对自己缺乏自信，特纳开始喜欢上帆船这种不需要很多力气的运动，本来他想进一个海边的大学，专攻这样的专业，但是父亲想的是，考常春藤名校，学习经济类专业，他断然拒绝了儿子的意见，并说：“你正在迅速成为一名傻瓜，赶快离开那种邪恶的环境吧。”虽然屈服于父亲的意见，但内心的伤痛和不甘开始让他走向反叛和堕落，他不好好学习，整日喝酒、打架，最后因为被校方发现宿舍里有女人而被开除了。他用这种方式表达自己无可奈何的不满。

退学之后，特纳开始自己的流浪生活，最后回到了父亲的广告公司，担任推销员，后来做了经理。就在这时，父亲的打破了特纳的平静。因为不断扩张的债务太过沉重，这个教育孩子坚强的人却选择了自杀的方式。

父亲的债主对这家广告公司开始虎视眈眈，而作为继承人的特纳想实现自己的权利，双方开始了争夺战。他的竞争对手是一个大型企业的董事长，他根本瞧不起这个毛孩子，来的事实证明，轻视特纳的错误会给他所有的对手重重一击。特纳虽然什么都不是很懂，但他拥有天生的本能和直觉，这使得他总是在比赛和游戏中获得胜利。

特纳采取了一个非常策略，在遭到对手拒绝不到24小时之后，他把公司的雇员、租约、账本悄悄转移到他工作的地方，然后，他发出最后通牒，以烧毁账本和租约为要挟，要求对方放弃公司。最后，特纳以20万美元的代价赢得了这个交易，因为如果不付钱，就会在公堂上见面。但实际上还是他胜利了，虽然那时他不过二十几岁。

进军传媒

他把眼光首先放在了电视业上，1970年，他连续收购两家濒临倒闭的小电视台，并用广告公司的利润勉强支撑它们的运转，大家议论纷纷，还有人嘲

笑特纳的贪心和愚蠢。但特纳勇敢而新奇的做法让大家刮目相看。

当时美国规定,任何电视台都得播送新闻,且每周不得少于7小时。特纳发现很多人其实对新闻并没有太大兴趣,于是他率先制作和播放了电视史上第一个也是最有成效的“鲜明对照、强烈反差”的节目:每周日上午,当其他台播送教徒做礼拜节目时,特德·特纳则在自己的电视台评析获奖连续剧;晚上,其他台都在播送新闻,而他的台却重播观众喜爱的宇宙飞船节目。至于新闻节目,则安排在深夜3点。至此,他们的观众越来越多。

在给观众带来欢笑的同时,特纳的电视台开始声名远扬,还搭上了美国第一颗人造通信卫星,将节目传送到了全国47个州;但他的冒险行为没有结束,他要重做新闻,并且要赚钱。播放新闻为的是遵守联邦规定,而现在特纳却要全身心投入,并以此赢利,这不是天下最大的笑话吗?嘲讽接踵而至,竞争对手等着看他的笑话。甚至有人评论说:“特纳清醒航行的时代已经过去了。”

冒险家特纳逆流而上,用行动带来了新的轰动。他与白宫对簿公堂,用《公平贸易法》与美国三大电视网巨头平起平坐,为CNN争取到白宫的入场券,确保大事发生时,CNN能第一时间报道。1981年8月30日,里根总统遇刺事件让人们对CNN记忆深刻。它比三大巨头都要早,并且,当他们已经停止广播的时候,CNN24小时的新闻播放还在忙碌着。此后,在“美军入侵巴拿马”“拆除柏林墙”“莫斯科十月事件”等重大新闻事件上,CNN率先做的现场报道都出尽了风头。真正使CNN为世界所瞩目,真正把CNN推向又一个显著高峰的是海湾战争。

在海湾战争中,它依靠最先进的传播技术,使全世界150个国家和地区的观众成为这场令世界瞩目的战争的见证人。当美军开始轰炸巴格达时,巴格达的通信完全切断,只有CNN的卫星直达,CNN驻巴格达记者成为全世界唯一的消息源。从那天夜里起,CNN一直连续17个小时昼夜报道巴格达遭到空袭的情况。在那一刻,世界记住了它和特纳的宣言:“即使到了世界末日,CNN也要现场转播那一刻。”

出人意料的抉择

特德·特纳与其说是个企业家，倒不如说是个冒险家。他的下一步行动永远是如此的出人意料。1995年，在他把CNN卖给时代华纳之时，人们都奇怪他为什么不与华纳的总裁莱文争夺第一把交椅。对此特德·特纳的解释是："我当CEO已经有33年了，对任何人来说这都是个相当长的时间。我想尝尝做第2名的滋味。"可明眼的分析家却看出，随着MSNBC有线台和福克斯新闻频道等电视台的崛起，CNN由于自身的规模过大而不可避免地逐渐变得僵化且死板，其影响力不断下降，收视率已经明显受到冲击。

事实证明了特德·特纳及时抽身离开的抉择是正确的。20世纪90年代，互联网成为CNN的终结者。互联网对于信息传递的速度远远高于电视，CNN最终也没有逃脱被互联网吞没的结局，其母公司时代华纳2000年被美国在线吞并。以追逐盈利出名的互联网企业，丝毫不会体恤电视编辑的价值，况且此时特德·特纳不再掌握由他一手创建的CNN。美国在线"拯救"CNN的措施就是大刀阔斧地改造，压缩成本，提高效率，丝毫不顾及CNN以往的成功历史。CNN裁减了400名员工以后，美国在线时代华纳又做出将其旗下所有电视网合并的决定，CNN从此淹没在这个世界上最大媒体集团的庞大机构之中。

特德·特纳对这种状况早有预料。在佛罗里达州土地广袤、树木繁盛的阿瓦龙庄园里，人们可以看到特德·特纳在悠闲地过着田园生活。他对土地怀有深厚的感情，他说"我的祖父是名农夫，我的身上还流淌着爱尔兰人的血液。"更为重要的是，拥有了自己的土地，可以让特纳安心从事环保事业。迄今为止，特纳已经投入5亿美元大肆购买土地，而他花费在野生动植物保护身上的钱比这更多。如今的特纳帝国里充斥的不再是新闻记者、通讯卫星，而是木鹳、秃鹫、加拿大盘羊、黑脚白鼬以及黑尾草原狼狗等濒临灭绝的野生动物。

特德·特纳天生的商业头脑永远在不停地运转，他想借野牛肉生意开辟一个餐饮王国，"特德·特纳-蒙大拿烤肉店"是他迈出的第一步。据报道，他的农场大概有2.7万头野牛，占了世界上野牛总数的1/10，他已成为世界上最大的美洲野牛拥有者。恰好由于疯牛病的风行，许多美国人不太敢对牛肉舞刀弄叉了，于是吃野牛肉的美国人越来越多，主要原因是他们认为野牛肉更安全。这叫特德·特纳喜不自胜。现在他的专门出售野牛肉的“特德·特纳-蒙大拿”连锁饮食店已经遍布全美国，年销售额达到了近10亿美元。

情系联合国

“我热爱联合国，这份感情从我是个孩子的时候就开始了。我知道人们很难理解为什么我会喜欢这样一个国际机构，但是别笑话我，我就是喜欢联合国。我喜欢有关联合国的故事和它高高飘扬的旗帜。”说话的就是特德·特纳，联合国基金会的创建人。

联合国基金会于1997年成立，旨在为联合国在世界各地的社会发展项目贡献和募集资金。回忆起联合国基金会成立的初衷，特纳说作为一个美国人，当时他为美国政府总是不能够按时缴纳会费表示烦恼。“5年前美国已经是连续好几年没有按时缴纳联合国会费了。联合国的财政状况出现问题。它不得不延迟支付维系运作的费用，实际上，是许多发展中国家在支付联合国的开支。我始终认为富裕的国家应该为这个国际机构多做贡献。作为一个美国人，我想也许我个人可以先做些什么来改善这种局面。”

特纳说过当人们在70岁左右的时候，往往会想到为慈善事业捐款。但当时他只有50出头，在通常看来还是喜欢金钱的年龄。他的决定很多人都不理解，认为特德·特纳是不是脑子出了问题。但是特纳表示“我曾经一无所有，后来有一堆钱，像世界贸易中心那样多，突然间又像世界贸易中心一样，一夜之间不见了，那真是可怕。如果情况不变糟，我将在10年内实现给联合国捐款的承诺。”当时的联合国秘书长安南对特纳的行为赞扬不已。他把特纳比作世界上最好的农夫，这不是因为特纳的确拥有农场，而是因为他懂得好的农夫都懂得的道理，那就是：必须耕耘才会有收获，必须付出才会有所得。

特纳在1997年许诺向联合国捐款10亿美元，到目前为止，已经捐出5亿，剩下的5亿原计划在今后五年捐完。但是由于特纳个人财产从80亿减少到16亿，捐款委员会决定剩下的5亿在今后10年到位。

人们称他为“南部的口舌”。特德·特纳投资的项目可真是说到做到。这个貌似粗鲁的佐治亚州的富翁，用他的钱投资媒体，启动了世界上第一个全天候直播新闻的电视台——CNN，但是从20世纪80年代中期开始，特纳转而开始行善。特纳基金会为环保投资了数百万美元，他许诺捐赠给联合国的礼物——10亿美元，是迄今为止数目最大的个人单笔捐款。

充满矛盾的成功者

拥有290亿法郎资产的特德·特纳已是大富翁，但他却总是自己驾驶一辆很小的福特牌汽车，并拒绝在住所安装空调，还有一次为了从一扇转门下拾起一枚10美分的硬币险些受了伤。进过军事院校的他颇有一点尚武精神。也许是为了这个原因，他第三次结婚时娶了大名鼎鼎的女演员简·方达，后者在越战期间曾为北越大做宣传。当年两人的政治观点截然不同，如今却成了亲密无间的夫妻。他曾有很多年宣称自己“讨厌新闻”，把新闻报道说成是害人的“魔法”。然而正是他创办了CNN有线电视新闻联播公司，这一全球最大的新闻电视台。

特德·特纳就是这样一个充满矛盾的人。他这样评价自己的成就：“我是世界上最伟大的帆船运动员。我只差一点就成了世界上最强大的企业家和最伟大的生态学家。我试图打破一项记录，那就是成为一生中完成了最多事业的人。我的竞争对手是亚历山大大帝、拿破仑、甘地、基督、穆罕默德、佛祖释迦牟尼、乔治·华盛顿……”

他这样不懈追求的动力究竟是什么呢？

他的妻子简·方达这样说：“他从没想过躺在功劳簿上睡大觉。他从不认为一次胜利就可以一劳永逸。”

通用之路——杰克·韦尔奇

全　名：杰克·韦尔奇

国　籍：美国

生卒年：**1935**年～

地　位：通用电气(**GE**)董事长兼**CEO**

竞争，对杰克而言，已不只是获取成功的必由之路，它更是一种每天持续不断的工作状态。竞争越激烈，他的生活就越充实。他认为：“我们每天都在全球竞争战场的刀光剑影中工作，而且在每一回合的打斗之间，甚至没有片刻时间休息。”

平凡却伟大的母亲

杰克出生于一个普通的工人家庭，他是家里唯一的孩子。杰克小时候身材矮小，还带点口吃，时常感到自卑。对杰克一生影响最大的是他的母亲，虽然她很晚才有了这个孩子，但从不溺爱，她知道儿子有自卑心理，从不打击他，而是将精力放在如何逐步提高杰克的行为能力和意志力上。杰克非常尊敬、崇拜自己的母亲：“她是一位非常有权威性的母亲，总是让我觉得自己什么都能做，是母亲教育了我，要我学习独立。每次当我的行为稍有越轨，她就一鞭子把我抽回来，但通常都是正面而且建设性的，还能促使我振作起来。她向来不说什么多余的话，总是那么坚决，我对她，心服口服。”

杰克到了18岁还略带口吃，但母亲说，这算不了什么缺陷，只有面对现实，坚持与别人沟通，让别人了解你，才能主宰自己的命运，别人才会跟你做朋友。她把缺点变成一种激励，教会杰克正确看待自己的缺陷。杰克便不再以口吃为耻，这种自信与自强，正是这位伟大而平凡的母亲给予杰克的最大财富。除此之外，少年杰克还在妈妈的引导下学会了另外一些做人的原则：通过竞争去获得成功，利用欲擒故纵的方式来激励别人，制定苛刻的目标，严格地执行工作计划以确保任务的顺利完成，等等。

在对知识的吸收上，杰克逐渐明白了父母的苦心，“如果你不学习，你将什么都不是，绝对什么都不是，学习没有任何捷径可言。不要欺骗你自己”。从他入学开始，母亲就将优秀的定义钉在了杰克的脑海中。杰克对妈妈的教育感激不尽：“她知道何时该对我严厉，同时也知道如何拥抱我，亲吻我。她让我确信自己是被需要和被爱的。如果我带回家的成绩单上有4个A和1个B，我的母亲就会问我为什么得了个B，不过她最后总是会以祝贺我得了A来结束话题，然后给我一个热情的拥抱。”

通用神话的起源

1960年10月17日，杰克开始了在通用电气公司的职业生涯。

他的第一项任务是找到一个制造PPO(一种用于化工的新材料)的示范场地，然后把工厂建起来。在一座破败的楼房里，他与助手为此花费了许多心血和精力。一年之后，这个工厂终于建立起来，杰克得到了很高的年度评语。但是，让他失望的是，通用电气公司只是按照标准给他加了1000美元月薪。因为在整个团队中，无论表现得好与坏，每个人都获得了同样的加薪，这让杰克感到不公平。在这一刻，杰克认为这是个官僚主义严重的公司，和他以前想象的大相径庭。他打算辞职，去伊利诺伊州国际矿物化学公司工作。

当时，作为部门负责人的鲁本·古托夫听到杰克即将离职的消息非常震惊，他决心不惜一切代价留住这位颇有才华的年轻人。

于是，他在告别宴会的前一天，邀请杰克夫妇共进晚餐。就餐之际，古托夫对杰克展开了4个小时的说服攻势。他保证,将使杰克不受官僚作风的纠缠,并将利用大公司的资源为杰克创立一个属于个人的小公司的工作环境。古托夫说:“相信我,只要我在公司一天,你就能利用大公司最好的部分进行工作,最差的一部分将离你远远的。”

经过一番深思熟虑,第二天,杰克终于做出了肯定的答复。多年以后,鲁本·古托夫回忆说:“我今生最成功的推销就是留住了杰克,因为留住了杰克,才留住了通用今天的辉煌。”当然这只是成功在表面上的直观表现,事实上,鲁本·古托夫更大的功劳是推行开了一种用人机制。在之后的几十年中,杰克使大公司的实力和小公司的灵活性相结合的能力得到了验证。古托夫为杰克创造了这种环境,杰克又为更多的人创造了这种环境。

随后,杰克成了PPO工艺开发项目领导人,虽然这种材料看上去不怎么起眼,并且很难塑造成型,所以大多数人并不看好该项产品的市场潜力。但杰克坚持了下来,终于研制出了一种在高温下具有很高的强度,并且容易塑造的材料。这种塑料制品的商业名称叫“诺瑞尔”。1965年,通用公司采纳了杰克的建议,决定投资1000万美元,建立一座诺瑞尔加工厂。但是诺瑞尔的市场如何,谁都无法预料,于是,在没人出头的情况下,杰克毛遂自荐,成为这个厂的负责人。杰克非常清楚,这将是一场艰苦的战斗,但他对诺瑞尔充满了自信,当时所有的家用器具都是用金属制造的,用塑料代替金属能使产品变得既廉价又轻便,这无异于一次技术革命。为了保险起见,杰克先向通用的内部产业大力推销该产品,但他们都对这个大胆的提法将信将疑。杰克就先在他的工厂里用若瑞尔尔制造出了电动罐头起子,他拿起子向人们展示,让人们相信,塑料的用途远比想象的要多,甚至可以制造汽车车身和计算机外壳等。1968年,因为推销诺瑞尔成功,杰克成为聚碳酸铵酯和诺瑞尔两种塑料制品部门的领导人,成为通用电气公司最年轻的一位总经理。

为了让自己的塑料事业走向成功,彻底让入介树塑料的认识改观,杰克做足了功课,他首先让那些婴儿奶瓶、汽车、小器具用品的制造商们了解,利用塑料来制造这些东西,不但可以降低成本,而且有助于提高产品质量,延长其使用寿命。接着他别出心裁,用一则巧妙的广告来推销自己的产品:一对野牛冲进了一家瓷器用品店,结果店里所有的东西都摔得粉碎,只有塑料制品完好无损。这个广告获得了空前的成功,聚碳酸铵酯的使用终于引发了制造业的材料革命，美国消费者对这种比金属和玻璃优点更多的材料十分青睐，它成了世界上最为重要的材料。杰克负责的塑料企业首次升格为一个部级企业。

这次成功为杰克的事业奠定了根基。他说："我这一生中最兴奋，同时也是最值得纪念的时光，就是那段与工作小组的同事们共同努力的岁月。"在那里，杰克学会了做人处事的道理，培养了敏锐聪慧的思维，这些人生财富随着时间逐渐沉淀进了杰克的骨子里，从小学到博士，再到美国通用公司最出色的总裁，它们伴随杰克创造了一个快乐而卓越的人生。

最成功的经理人

1971年底，杰克被任命为通用化学与冶金事业部总经理。当时的通用总裁是雷金纳德·琼斯，这个擅长于科学管理的实业家做事总是一丝不苟。在挑选总裁方面，琼斯谨慎且细致，他认为必须经过对每个候选人长期仔细的考察，才能够理性地选出最具资格的人选。8年后，杰克终于通过了琼斯漫长而严格的考核，成为通用公司副董事长。2年后，1981年4月，杰克成为通用电气公司历史上最年轻的董事长和首席执行官，那年他45岁。刚上任的他，面对的却是这家已经有117年历史机构臃肿、等级森严的公司，因为对市场反应迟钝，正处于在全球竞争中走下坡路的尴尬处境。

杰克深知官僚主义和冗员的不良影响，从他刚进入通用时，他就饱尝了这种体制的恶果，而现在是他大展拳脚、彻底根除这种陋习的时候了。首先，杰克改革的就是内部管理体制，减少管理层次和冗员，将原来8个层次减到4个层次甚至3个层次，并撤换了部分高层管理人员。此后的几年间，他砍掉了25%的企业，削减了10多万份工作，将350个经营单位裁减合并成13个主要的业务部门，卖掉了价值近100亿美元的资产，并新添置了180亿美元的资产。

杰克初掌通用时，通用电气的销售额为250亿美元，盈利仅15亿美元，市场价值在全美上市公司中排名第十；而到1999年，通用电气实现了1110亿美元的销售收入(世界第五)和107亿美元的盈利(全球第一)，市值已位居世界第二。所有的人都说："创业难，守业更难。"但杰克·韦尔奇改变了这个说法，他创造了这个奇迹，让通用这个“百年老店”重显青春。他的贡献也远不止通用一家公司。他所倡导和实行的管理革命，重新弘扬了为股东创造价值这一企业经营的基本原则，扭转了二战以来国际大企业普遍福利化的倾向，使企业获得了真正的动力。他创造了一个最有益于人才成长的企业氛围，良性竞争机制的引入，造就的不仅是一代企业家，更造就了一种积极向上的精神。今天的通用已经成为赫赫有名的“经理人摇篮”“商界的西点军校”，全球《财富》500强中有超过1/3的CEO都是从通用走出来的，他的管理经验被越来越多的人采纳，几乎成为现代企业的尸种典范模式。

人们对他顶礼膜拜，对他无比崇敬，但这个优秀的老人却在2001年事业的巅峰期选择隐退。但是，他的精神还在公司继续发挥作用，他所努力创造出的企业文化还在通用等其他企业中产生更深远、更悠久的作用。正如沃尔特·迪士尼公司董事长兼CEO迈克尔·埃斯特所说：“杰克不仅仅是一个商业巨子，还是一个有心灵、有灵魂、有头脑的巨人。”

“联邦快递”缔造完美——弗雷德·史密斯

全　名：弗雷德·史密斯

国　籍：美国

生卒年：**1944**年～

地　位：全球最大的快递企业一一美国联邦快递公司的董事长、总裁兼首席执行官

日本的樱桃，夏威夷的鲜花，还有欧洲的香水和瑞士的钟表……只要你能想到的物品，都能隔夜传到其他210个国家。它的创始人就是弗雷德·史密斯，他是一个创新家，是一个企业家，更是一个伟大的冒险家。

异想天开的大学生

1944年8月11日，弗雷德·史密斯出生于密西西比州，他4岁时父亲就去世了，虽然弗雷德家境富裕，但他天生身体就有缺陷，因为髋骨变形，小时候必须戴着背甲，拄着拐杖。弗雷德的母亲一直在他身边不停地鼓励，她让小弗雷德相信自己和正常人一样，建立起他的自尊和自信，除了让儿子接受最好的治疗，她还让弗雷德尽力参加各种各样力所能及的体育活动。母亲的苦心没有白费，等他上中学时，不仅战胜了这种先天性的疾病和身体的虚弱，还加入了学校的篮球队和足球队。弗雷德从小就十分喜欢飞机，他15岁就拿到了私人飞机的驾照，并进入孟菲斯大学的预科班学习。在那里，他和两个同学结成了合作伙伴，用从父母那里借来的5000美元开了一家录音工作室。

1962年，他进入了著名的耶鲁大学，攻读经济学和政治学。

但据弗雷德自己后来说，他并不是一个优秀的学生，因为社交活动更让他兴奋和感兴趣。在这里，他得以发挥他对飞机的热爱，他报名参加了海军陆战队后备役军官训练班。随着对飞行兴趣的日益加深，弗雷德参加了耶鲁飞行俱乐部，并就飞行进行了一系列研究。他还当过一阵子农用飞机驾驶员，整日盘旋于农田上空。

大学三年级时，他写了一篇论文，对当时包裹不能直接运送到目的地，而必须经由多家航空公司转运的问题提出了质疑。他提出，倘若存在一家能够直接运输“非常重要、讲究时效”的货物的公司的话，就可能弥丰哒个潜在的巨大的市场空白。但弗雷德的导师并不这样认为，虽然他觉得这篇论文有一些可取之处，但因为当时美国致府对空运航线的诸多管制，所以这个设想有些异想天开，难以实现，评分时只给了一个“C”。

团结协作创造奇迹

令弗雷德的教授没有想到的是，后来这个构想真的成为现实。因为美国正处于技术的扩展期，世界是向前进的，社会功效的目的是使事物变得更轻松，虽然这个过渡过程充满艰辛，是任何一个不走寻常路的创业者所必须经历的，但弗雷德为此付出了常人难以想象的忍耐与奋斗。

1966年，弗雷德从耶鲁大学毕业，因为大学里接受过预备军官训练，接着他就应征入伍，成为海军陆战队的一员，参加了越南战争。战争让弗雷德走向成熟，从腥风血雨中走来，他无比珍惜和平。弗雷德说：“我对破坏和炸毁东西感到如此厌恶，以致回来后决定要做一点建设的事情。”

1969年，从越南战场回到美国的弗雷德. 购买了一宗航空公司飞机维修公司，使之变为收购和销售1日飞机的交流中心，两年就赢利25万美元。但飞机零件递送的糟糕经历让弗雷德十分不满，因为它总不能按时到达。这时，弗雷德想起了大学时写的那篇论文，那个看似遥远的梦想又开始在他脑海中萦绕。史密斯设想建立一个公司，能够连夜快递小包裹，经过仔细考虑，史密斯进行了一次重大的赌博，投入了他的全部资金800多万美元。这种风险投资给予一些投资家深刻的印象，相继也投入了4000万美元，几家感兴趣的银行拿出同等数目的款项，使总额达到9000万美元，这是美国商业史上单项投资最多的一次。1971年，“联邦快递”公司正式成立。从1972年到1973年初，弗雷德投资组成了由专家、飞行员、技师、广告代理商等组成的高级顾问小组，进行市场研究，制订营业计划。通过对市场潜力更深入的可行性分析，他们明显地发现，随着新兴技术的兴起，美国传统的工业重镇日趋没落，而那些名不见经传的川地方正迅速崛起，旧有的货运系统正在改变，现在流行的是包裹托运。这个计划制订得比以前更详尽，但也需要更多的资金。为了调动资金，弗雷德几乎动用了一切手段，包括自己所分到的遗产、华尔街金融大亨的投资、亲戚的积蓄，·终于筹得9600万美元。同时，他把公司的地址搬到了天气更适合飞机降落的家乡孟菲斯，然后订购了33架飞机。1973年4月，几经周折，联邦快递终于正式营业了。

梅花香白苦寒来

开业之初，联邦快递向25个城市提供服务，但不出所料，公司营业初期就呈现出亏损的局面。第一天夜里运送的包裹只有186件。在前26个月里，联邦快递公司亏损2930万美元，负债4900万美元，随时可能倒闭。公司的投资者开始怀疑，他们想撤走自己的资金，免得最后血本无归。史密斯为此忙得焦头烂额，他一边要照看公司的业务，一边极力争取更多的资金，并设法安抚那些心存疑虑的投资者。

可是，公司仍是负债累累，为了抵偿公司的债务，弗雷德卖掉了自己的私人飞机，甚至伪造律师签字，从家庭信托基金中提取了本属于他两个姐姐的钱。为了改善经营情况，弗雷德竭尽全力争取客户，开拓市场。为得到美国行政总局的合约，联邦快递公司在西部开辟了6条航线，在与其他企业的竞争中，他把价格杀得很低，以致使人怀疑是否还有利润。弗雷德做这一切都是为了更长久的利益，尽管这笔业务并没有很高的利润，却可以树立公司的形象，扩大公司的社会影响力，公司可以借这笔业务向外界展示：“看啊，连邮政总局的合约都能拿到手，对联邦快递公司的服务还有什么不放心的。”

他的不屈不挠,他对前途的坚定信念和十足的勇气,感染了联邦公司的雇员,他们同舟共济,共渡难关,为了公司的利益做出了许多令人感动的事迹:送货人可以抵押自己的手表来购买汽油;当执法官来查扣鹰式飞机时,职工把飞机藏了起来;面对公司一度达到的每天80万件额外包装件,数千名雇员自愿在午夜之前来到货仓,连夜清理堆积如山的货物。联邦快递公司终于走出困境,并创造了奇迹。

1978年,联邦快递上市。到1980年,公司收入高达4154万美元,利润达到3700万美元。1983年,公司的年度营业收入达到10亿美元,成为美国历史上第一家创办不足10年,不靠收购或合并而超过10亿美元营业额的公司。从此,联邦快递一路顺利地发展。到1999年时,联邦快递已成为世界上最大的24小时快递公司,每天为210个城市的300万名顾客服务。

媒体和舆论也认可了联邦快递。1977年,弗雷德·史密斯被纽约一家杂志评选为"全国十大杰出企业家"之一,1979年12月的《幸福》杂志称联邦快递公司是"70年代最成功的十大企业"之一,《邓氏商业月刊》称联邦快递公司是"1981年管理最佳的5家公司"之一。联邦快递公司还被誉为"美国100家工作条件最佳的公司"之一。1990年,联邦快递公司因服务完善获得了极负盛名的"马尔科姆·鲍得里奇奖",联邦快递公司是美国历史上第一个获得这项大奖的服务性企业。

创造"苹果"新神话——斯蒂夫·乔布斯

全　名：斯蒂夫·乔布斯

国　籍：美国

生卒年：**1955～2011**年

地　位：创造了世界上最可爱的晶莹剔透的"苹果"电脑，他是声名显赫的"计算机狂人"

他是一个美国式的英雄，几经起伏，但依然屹立不倒，就像海明威在《老人与海》中说到的，一个人可以被毁灭，但不能被打倒。他创造了"苹果"，掀起了个人电脑的风潮，改变了一个时代，但在最顶峰的时候被封杀，从高峰落到谷底。12年后，他卷土重来，重新开始第二个"斯蒂夫·乔布斯"时代。

兴趣广泛的学生时代

1955年，斯蒂夫·乔布斯出生在美国旧金山，因为是私生子而被父母遗弃。幸运的是，一对好心的夫妻收留了他，并像亲生儿子那样抚养他长大。学生时代的乔布斯常常把聪明才智用于顽皮，喜欢别出心裁地搞出一些令人啼笑皆非的恶作剧。不过，他的学习成绩十分出众。

当时，乔布斯住在著名的"硅谷"附近，邻居都是"硅谷"元老惠普公司的职员，在这样的环境熏陶下，乔布斯从小就很迷恋电子学。一次聚会上，乔布斯第一次见到了电脑，他开始对计算机有了一个初步的认识。在中学里，乔布斯认识了比他年长5岁的沃兹，沃兹是学校电子俱乐部的会长，是个电子产品的发烧友。两人一见如故，8年后他们创办了苹果电脑公司。乔布斯的新想法总是层出不穷。19岁他念大一时，突发奇想，辍学成为电视游戏机公司的一名职员，没过多久，他又迷上了佛学，放弃工作漂洋过海去印度修行练功，在吃尽苦头后回到美国，继续工程师的工作。他总是想法奇特，并且敢于尝试，这些习惯和经历催生了他日后的成功。安定下来后，乔布斯继续自己年少时的兴趣，常常同沃兹一起，在自家的小车库里研究电脑。他们梦想能够拥有一台自己的计算机，当时市面上卖的都是商用计算机，体积庞大，价格昂贵，于是，他们打算自己开发。他们费尽周折搜集到了配制电脑的各种元件，开始了创新之旅。几个星期后，电脑装好了，精明的乔布斯立即估量出这种自制电脑的市场价值，决心筹钱将它推向市场。

“苹果”出库

1976年的愚人节那天，乔布斯、沃兹及乔布斯的朋友龙·韦恩做了一件影响后世的事情，他们三人签署了一份合同，决定成立一家电脑公司，公司的名称由偏爱苹果的乔布斯一锤定音称为“苹果”。一只被人咬了一口的苹果成为注册商标，并在日后传遍了全世界。前期的资金积累是辛苦的，他们一周连续工作66个小时，用了一个月才完成第一个客户的50台订单。

机遇往往垂青努力的人。1976年10月，百万富翁马尔库拉慕名前来拜访乔布斯和他们的车库工场。马尔库拉是位训练有素的电气工程师，且十分擅长推销工作，被人们称为推销奇才。由于在股票生意上发了财，他很早就选择了退休的生活。但看到这两个年轻人的新产品，马尔库拉决心重操旧业，帮助他们把公司大张旗鼓地办起来。他主动帮助他们制订了一份商业计划，给他们提供了6973美元的贷款，将自己的命运与两个年轻人联系在一起。有了马尔库拉这样的行家的指导，有了这笔巨资，“苹果”公司的发展速度突飞猛进。

1977年4月，美国的第一届计算机展览会在西海岸开幕了。苹果2号样机分外引人注目，塑胶外壳美观大方，大荧光屏上显示出万花筒般的各种色彩。它在展览会上一鸣惊人，几千名用户拥向展台，观看、试用，订单纷至沓来。

黯然离开

1980年《华尔街日报》的全页广告写着“苹果电脑就是21世纪人类的自行车”，并登有乔布斯的巨幅照片。上市的苹果公司让他在不到5年的时间内成为亿万富翁，在1985年获得了由里根总统授予的国家级技术勋章。但荣誉也带来了重重危机，蓝色巨人IBM不甘其后，随即推出了个人电脑，迅速抢占了大片市场，使得乔布斯新开发出的电脑节节惨败。总经理和董事们把失败归罪于董事长乔布斯，于1985年决议撤销了他的经营大权。

没有了乔布斯的“苹果”仍是举步维艰，而乔布斯新成立的电脑公司却业绩喜人，凭借一部《玩具总动员》声名大噪。危难之际，乔布斯毅然回到了“苹果”。

重整河山

公司上下欢欣鼓舞，期待他再创奇迹。受命于危难之际，乔布斯果敢地发挥了首席执行官的权威，大刀阔斧地进行改革。他首先改组了董事会，然后又做出一件令人瞠目结舌的大事——抛弃旧怨，与苹果公司的宿敌微软公司握手言欢，缔结了举世瞩目的“世纪之盟”，达成战略性的全面交叉授权协议。乔布斯因此再度成为《时代》周刊的封面人物。

在乔布斯的改革之下，“苹果”终于实现盈利。乔布斯刚上任时，苹果公司的亏损高达10亿美元，一年后却奇迹般地赢利3.09亿美元。1999年1月，当乔布斯宣布第四财政季度赢利1.52亿美元，超出华尔街的预测38%时，苹果公司的股价立即攀升，最后以每股4.65美元收盘，舆论哗然。苹果电脑在PC市场的占有率已由原来的5%增加到10%。

1997年，乔布斯被评为“最成功的管理者”。他成为一个奇迹，这个奇迹还将继续下去。他总是给人以不断的惊喜，无论是创业初始还是重回“苹果”后，他惊人的电脑天赋、平易近人的处世风格、绝妙的创意头脑、伟大的目标、处变不惊的领导风范，筑就了苹果企业文化的核心内容，苹果公司的雇员对他的崇敬简直就是一种宗教般的狂热。就连比尔·盖茨都说:“我不过是乔布斯第二。”

乔布斯大力创新,将独特的时尚风格、最新无线网络功能与苹果电脑在便携电脑领域的全部优势完美结合,1999年的笔记本电脑ibook一经面世,便受到用户的极大欢迎,广告语“我思故我在”更由此成了广告业的经典。“苹果”再次登上电脑行业的顶峰。

乔布斯创办了苹果电脑,后来居然被CEO和董事会联合踢出局。然而没想到这个经历使乔布斯开创了新的事业,并在“苹果”一蹶不振的时候重返“苹果”、重振“苹果”。乔布斯的结论是:“热爱我所从事的工作,是一直支持我不断前进的唯一理由。你得找出你的最爱,对工作如此,对爱人亦是如此。工作将占据你生命中相当大的一部分,从事你认为具有非凡意义的工作,方能给你带来真正的满足感。而从事一份伟大工作的唯一方法,就是热爱这份工作。如果你到现在还没有找到这样一份工作,那么就继续找。不要安于现状,当万事了于心的时候,你就会知道何时能找到。如同任何伟大的浪漫关系一样,伟大的工作只会在岁月的酝酿中越陈越香。所以,在你终有所获之前,不要停下你寻觅的脚步,不要停下。对于病人来说,良药总是苦口。生活有时候就像一块板砖拍向你的脑袋,但不要丧失信心。”

把高端的电脑带进普通家庭——比尔·盖茨

全　名：比尔·盖茨

国　籍：美国

生卒年：1955年～

地　位：世界首富，微软公司的掌门人，他用他的计算机软件统治着整个世界

世人对盖茨的评价褒贬不一，有人说他是成功的企业家，有人说他垄断行业、欺凌弱小；有人说他是“最慷慨的慈善家”，有人说他是一个虚伪的人——他的慈善之举只是有史以来最昂贵的公关活动；有人说他是当之无愧的全球首富，有人说他只会贪婪地在股市中套现，从微软用户的身上榨钱……但是就像英国人说的那样：“不管你爱他，还是恨他，你都无法漠视他——这就是比尔·盖茨的魅力。”

同学眼中的“怪人”

盖茨自幼就酷爱数学和计算机，在中学时就是有名的“电脑迷”。保罗·艾伦是他最好的校友，两人经常在学校的电脑上玩三连棋的游戏。盖茨所在的湖滨中学允许学生们按自己的兴趣自由发挥，充分发挥各自的潜能，这是像盖茨这样的学生所期盼的理想环境。盖茨和保罗对计算机和商界相当痴迷，他们爱在学校读各种课本外的书刊，保罗喜爱像《大众电子》之类的刊物，而盖茨则翻阅商业杂志。在学校时，他们就尝试编制了不少的软件，在获得

报酬的同时也储备了很多知识。

1973年，盖茨被哈佛大学法律专业录取，他对于自己的专业不是很用心，也不是老师所认为的好学生，一直以来，他都把自己的精力放在计算机上。他是同学眼中的“怪人”，上课经常睡觉，生活完全没有规律，有时可以几天几夜不合眼，有时回到寝室，会随便裹着电热毯睡一天，不管外界发生了什么，他的这种习惯一直保留到现在。

1974年，第一台个人电脑诞生了，而此前的电脑多被用于大公司，对于普通大众而言电脑是神秘莫测的。这个消息极大地触动了盖茨和保罗，于是盖茨打电话给个人电脑的发明者罗伯茨，说他们已经为阿尔塔开发成功了BASIC语言解释程序，问罗伯茨是否感兴趣。罗伯茨当然感兴趣，可是他要求“现成BASIC”。再通话时，他请盖茨禾9保罗去演示他们的BASIC语言，盖茨斩钉截铁地答复在三星期之内送到阿尔伯克基。其实，盖茨他们的BASIC语言，此时还是空中楼阁。

交货的时间一天天临近，盖茨和保罗日夜奋战，深夜他们几乎是在半睡眠状态下编程的。有一次，盖茨打盹，头撞在键盘上，他醒后看一眼屏幕，接着就在键盘上输入数据。保罗认为，盖茨一定有在梦中编程的本领，就在保罗乘飞机去交货的前夜，工作还没有最后完成。到凌晨一点，盖茨让保罗去睡觉。第二天早上，他把录有BASIC语言的纸带交给保罗。盖茨此刻心中没有把握，他祈祷道：“谁知道行不行，愿上帝保佑我们交好运。”保罗坚信盖茨的能力。但是，就在飞机抵达阿尔伯克基前半小时，保罗突然发现还缺一个装入程序，赶紧抓过几张废纸写程序，飞机着陆时，程序刚好写完。当保罗用颤抖的手把BASIC程序装入电脑时，他和在场的所有人员都屏住了呼吸。BASIC语言运行一举成功。

罗伯茨极力邀请保罗到自己的公司工作，而盖茨还在继续上学。但是盖茨开始仔细思考自己的道路了，究竟是学习自己不喜欢的专业，还是从事自己最热爱的计算机待业。最终他痛下决心，决定退学。在当时，这个决定引起了轩然大波，盖茨的父母都是当地的名人，哈佛又是名校，灿烂的前途唾手可得，盖茨却选择做当时没有多少人了解的计算机，显然感到不可思议。可是固执的盖茨下定了决心，最终在哈佛念完了二年级课程后，他退学了，去迎接充满挑战和冒险的未来。

功成名就

1975年，经过不懈的努力，盖茨和保罗终于成立了自己的公司，命名为微软。1980年，对于微软而言，是至关重要的一年。8月的一天，盖茨接到一位神秘客人的电话，要他安排会晤。

盖茨打算把会晤时间定在下周。对方却急不可耐地说他们的人将在2小时以后到达。这个神秘来宾是IBM的代表，他们说需要一种计算机软件，在和盖茨交谈了5分钟后，IBM的人认为这是与他们打交道的最出色的人物之一，但微软的技术并不是他们最需要的。同时列入IBM考虑范围的还有另一家公司，但是这家公司的态度却极为冷淡，与此形成鲜明对比的是盖茨的热情，于是IBM开始将注意力放在微软。当盖茨带着报告前去IBM的路上，他的心情是复杂而紧张的，他非常害怕与这场堪称20世纪最大的交易失之交臂，因为这次机会对于微软来说就是第二次诞生。面对IBM的种种刁难，盖茨用敏捷的反应、幽默的口才说服了难缠的对手，得到了这个合同。接下来的日子里，所有的人都为这件事奔走忙碌，微软上上下下都动员起来，IBM公司对质量要求极高，规矩也纷繁复杂。就拿保密工作来说，几乎让盖茨无法接受。盖茨和同事们被关在西雅图国家银行大厦18层的一间小房子里开发软件，但IBM仍不放心，又送来专用保密锁，还要求整天不许开门。小房间没有窗户和通风设备，室内温度高达38℃。在这样的条件下为IBM干活，恐怕是盖茨从未享受的“高规格待遇”，时间紧，任务重，那么多双眼睛和竞争对手都在等着看他们的好戏。

这种关键时刻对于盖茨而言已经不是第一次了，他天生就是擅长处理这种紧要事件的人，同样是在最后期限内，比尔和他的同事们完成了IBM交给的任务，打赢了这场硬仗。1981年，8月12日，IBM公司向全世界宣布当时电脑界最大的一条新闻，新一代个人电脑IBMPC机问世，在这场合作中，IBM和微软是“双赢”的结果，在IBM个人电脑大卖的同时，随着IBMPC机一起销售的PC—DOS(MS—DOS)及一系列微软公司的软件，也迅速进入一个无限广阔的大市场。并且，随着兼容机的发展，微软的软件不仅应用在IBM电脑上，还广泛应用在各种兼容机上，可以说，微软软件像一阵旋风，刮遍了美国乃至整个世界。

1984年是比尔·盖茨和微软公司丰收的一年。除了MS--DOS（这时已推出3.1版）这个镇山之宝外，还有Pascal、Word、GW—BASIC等一大批软件畅销。公司的营业额超过1亿美元，登上头号软件公司的交椅。更引人注目的是，这年4月，比尔·盖茨登上了《时代》杂志封面。就这样，盖茨及其微软公司从鲜为人知发展到占据了个人电脑所用软件的开发和服务的大部分市场。

当年微软公司完全就是靠开发电脑软件发展壮大的，而如今，微软公司收入的2/3来自出售应用软件。公司的利润和股票价格一路上扬，微软公司几乎垄断了个人电脑市场的所有领域，比尔·盖茨也一跃成为全球首富。

但一个成功的商人，仅仅靠技术是不行的，还要有商业管理。

盖茨的管理方法是独特的，从自己的切身经历出发，他深深明白，充分挖掘个人的兴趣是多么重要，由此而迸发出的热情是不可估量的，所以他千方百计要他的员工保持对工作的高度热情和创造力。微软的工作环境宽松自由，面对重大问题，公司总是信任年轻人，放手让他们去干。这些年轻人和总裁一起讨论，该拼命的时候就拼命，该玩要的时候就玩要。他们可以直呼盖茨的名字，更让他们佩服的是，盖茨不仅可以记住每个程序员的名字和长相，还记得每个人的分机号码，甚至车牌号。在盖茨的带领下，整个微软是一个作战整体，是一个亲密无间的团队，延续着世界首富和微软的“神话”。

2006年6月15日，盖茨宣布2008年7月将隐退，届时将辞去首席软件设计师一职，并不再参与微软的管理事务。在宣布这一消息的时候，盖茨显相对镇定，但是却掩盖不了某些哀伤的气氛，一些员工甚至热泪盈眶。隐退后的盖茨专心于比尔与美琳达·盖茨基金会，盖茨将几百亿的家产捐献给这个慈善基金会，并表示将只留几百万美元给他的三个孩子。微软的一名员工说：“毫无疑问，他的慷慨使得数十万人重获生命。”随后木久，股神巴菲特宣布，将捐款300亿美元给比尔与美琳达·盖茨基金会，前提是盖茨夫妇还在人世。

报纸如何在数字时代生存——默多克

全　名：基思·鲁伯特·默多克

国　籍：澳大利亚

生卒年：1931年～

地　位：澳洲媒体大亨，新闻集团的大老板

默多克究竟是何许人也?其实，就算你不知道默多克，那你一定知道属于他的那些大名鼎鼎的媒体和球队。比如，20世纪的福克斯电影公司、美国福克斯电视网、洛杉矶道奇队，等等。77岁的默多克是全球百大富豪排行榜的常客，总资产达72亿美元。他建立的传媒王国已覆盖了世界3/4以上的人口。

子承父业

1931年3月11日，默多克生于墨尔本的一个报业世家，是家中的独生子。父亲原是著名的战地记者，后来升任澳大利亚最大的新闻垄断组织墨尔本先驱集团的创始人和董事长，成为叱咤风云的人物，但晚年业绩衰败。默多克从小深受家庭的熏陶和父亲的影响，对报纸产生了浓厚的兴趣。他10岁时被送到著名的贵族学校读书，后到牛津大学继续深造。毕业后在英国报业大王比弗布鲁克勋爵的《每周快报》及《新闻纪事报》工作。

1952年，默多克的父亲去世，默多克子承父业，接管了一家规模不大而且很不景气的地方小报——《阿德莱德新闻报》，他自任经理，雄心勃勃地开始了他的创业生涯。经过几年的努力，他的报纸逐渐积累了人气，在当地已颇受欢迎，他还积累了丰富的加良经验，资金实力也大幅增强。1956年至1960年，默多克相继收购了《珀斯星期日周刊》、《悉尼每日镜报》和《悉尼日报》等地区性报纸，进一步拓展了实力。1964年，他创办了全国性大报《澳大利亚人报》，与以往贴近大众的理念不同的是，这是一家“严肃型”的资产阶级“高级报纸”，报道内容丰富，消息及时，可读性强，因而很受读者欢迎。

20世纪60年代中期，默多克的“新闻有限公司”已发展成为资产5000万美元、拥有多家报纸杂志的新闻垄断集团。20世纪60年代结束时，默多克开始进军国际市场。1969年，他首先进入英国报业市场，在短短几个月之内连续买下了当时畅销世界的《世界新闻》和《太阳日报》，并以惯用的做法，以软性色情新闻与体育新闻代替硬性新闻，把“性”“谣言”和对撒切尔夫人的支持结合起来，使其广泛地触碰到一般民众的兴趣点上，两报很快便成为拥有400万份销量的英国大众化报纸，在短时间内销量大增。

20世纪70年代伊始，默多克进入美国报业市场。从1973年开始，默多克以迅雷不及掩耳之势，狂扫美国报业市场，先后买下了《圣安东尼快报》、《圣安东尼新闻报》、《星报》、《纽约邮报》和《芝加哥太阳时报》，并购得拥有美国著名杂志《纽约杂志》、《乡村之声》和《新东方》等周刊的纽约杂志公司。《纽约邮报》本是一份呆板单调、很少受人关注的晚报，但转入默多克手中后，被炮制成一份与美国老牌黄色报纸《纽约每日新闻》相似的报纸，刊登一些骇人听闻、轰动一时的凶杀新闻，使其销路猛增。

事业的巅峰

20世纪80年代以前，英国最著名的《泰晤士报》因设备陈旧、技术落后、内容单调，而濒临破产。1981年，默多克以1200万英镑的高价买下《泰晤士报》，接着投资1.4亿美元，在沃坪建成用新技术装备的新厂房，并在该处以电子技术出版报纸。对报纸内容和形式也作了修整：加大图片量，以犯罪性新闻取代了部分严肃的新闻报道，增加了评论及体育报道，从而使《泰晤士报》恢复了生机，市场销量直线上升。至此，默多克的“新闻集团报业公司”在英国的报业集团中名列榜首。1985年9月，默多克加入美国籍，接着购置了6家电视台。第二年又以325亿美元买下美国著名的20世纪福克斯影片公司。如今，他的报业公司在美国拥有一个卫星转播的电视台，可向美国、欧洲160万户家庭播送节目。除澳、美、欧洲以外，默多克的报业王国的势力还伸向了亚洲。1986年，他买下了香港最大的英文日报《南华早报》34.9％的股份，同时还买下了《远东经济评论》51％的股权。

创业30余年来，默多克几乎马不停蹄地向四处伸展拳脚，不断地为自己树立目标又不断地超越，他驰骋商场的传奇经历一直是人们关注的焦点。他的办公室设在纽约曼哈顿的《纽约邮报》大楼内。他对企业实行集中管理制度，所属的100多个相隔遥远的企业，每月至少呈交40份报告，由他的助手阅读后向他作简要汇报。然后他通过电话、传真等方式提出意见。

默多克的独特之处在于，他常常能在别人认为不可能赚钱的领域立足，并一步步发展起来，证实自己的预见。如果他认为某些企业有发展前景，他会不惜一切代价挖到手。他总是从“报业王国”的全局去衡量每一项交易的价值，因为他的全局战略，往往可以出奇制胜，变被动为主动，化不利为有利。他将新购入的产业分割开来，卖掉不需要的部分，而把剩下那部分与其“报业王国”的其他企业联成一体，实现原来无法实现的价值。例如，20世纪福克斯影片公司本来连年亏损，默多克想买进的几家电视台亦是入不敷出，默多克把它们一一购进后，利用电影公司为电视台制作娱乐节目。于是两全其美，电影公司成了默多克的摇钱树，电视台的亏损状况也迅速扭转。

默多克承认自己是个冒险家。但他并不主张单打独斗，他更强调合作，因而随时注意发现人才、留住人才。他欣赏的人才是有创造性、有专长的人。他对属下实行恩威并举、赏罚分明的政策，对业绩突出者以奖赏、提拔。在每年公司的年报上，总是用大于60％的篇幅宣传优秀员工的事迹，以此鼓励和影响其他人。

投资各行各业

经过40多年的奋斗，默多克成了当今世界最庞大的传媒王国之一的领导者，他把自己塑造成了现代传媒业泰斗的化身。现代传媒业成功的秘诀在于同时控制内容和发行，默多克正是第一批意识到这个奥秘的佼佼者。默多克的传媒王国覆盖全球约1/3的人口。在美国，默多克拥有第四大电视网：福克斯电视网，在好莱坞拥有电影制片F-；在欧洲，默多克有天空电视台，在英国，40％的报纸都属于默多克的新闻集团；在印度有EETV；在中国，3500万个家庭可以通过卫星收看到默多克的电视节目；在拉美，默多克与三家电视台合作，通过卫星播送150套节目；在默多克王国的发祥地澳大利亚，默多克的新闻集团拥有当地2/3的报纸，还有商业电视台和有线电视，等等。实际上，在这个信息社会，默多克所操纵的各式各样的媒体正成为人们接触外部的耳目，几乎已形成了信息垄断。毫不夸张地讲，我们每天读的报纸、看的电视、欣赏的小说甚至喜爱的球队里，都有这个其貌不扬的澳大利亚人的影子。

默多克无疑是风云人物。1998年，由他控股的20世纪福克斯公司推出的电影巨作《泰坦尼克号》风靡全球，给他赚了20亿美元；世界杯之后他斥资10.2亿美元企图收购曼联队；克林顿总统闹出绯闻后，他又要出资300万美元购买莱温斯基的风流史……

传媒大王默多克不断地制造着当今世界的热点和卖点，同时他本人也成为传媒追逐的对象。狂人默多克以独特的扩张和避税手段创造着超级利润。

马来西亚首富——郭鹤年

全　名：郭鹤年
国　籍：马来西亚
生卒年：**1923**年～
地　位：马来西亚首富

他可能是除了政治领袖外，最广为国际社会认识的马来西亚人。从白糖、酒店、地产、船务、保险到媒体，郭鹤年创造了无数的奇迹。基本上，人们习惯将他定位为“马来西亚糖王”及马来西亚首富；事实上，自20世纪70年代末期开始，郭氏已将商业王国扩展至香港，他不单是香港著名的英文报业《南华早报》的老板，也是20世纪80年代中国最重要的投资者之一。

违背父母意愿走上经商道路

郭鹤年自幼天资聪慧，无论是在一起玩耍的小伙伴中，还是在学校这个大环境里，他总是表现得十分突出，机灵乖巧的他深受大人们的喜欢。父母从小就对郭鹤年寄予很大的期望，希望他将来出人头地。父亲将他送入被人称为“政治家的摇篮”的新加坡最高学府莱佛士学院，从这里曾走出一大批东南亚政治家，譬女口新加坡总理李光耀与马来西亚首相侯赛因。深受传统观念浸染的父亲，显然希望他能够步入政坛，光宗耀祖。在莱佛士学院中，郭鹤年虽然学习成绩十分优异，但他对政治毫无兴趣，他反而对经商产生了浓厚的兴趣。当面对自己的人生选择时，他表现得果断倔强。毕业后，他违背了父母的意愿,没有进入政界,而是致力于经商。

1948年,郭鹤年自新加坡莱佛士学院毕业不久后,便在新加坡创办了禾1J克务公司,主要经营轮船航运及一般商务。之后,郭鹤年涉足大马船运业,可说与此息息相关。创立公司翌年,父亲郭钦鉴逝世。郭家经过开会后,决定由他领导家族事业,并组织郭氏兄弟有限公司,由他出任董事经理。当时,年仅25岁的郭鹤年便接过重担,正式执掌家族事业。

糖王之路

为了家族事业能顺利发展,郭鹤年专程前往英国做市场调查,并学习商务知识。在伦敦,他留心商业交易的工作方法,十分留意英国人优秀的经营管理方式。通过认真的学习和调查研究,他发现了糖业的潜在魅力。于是,他集中精力,专门对糖业的经营做了深入全面的调查,对糖业的贸易状况也有了明确的了解及认识。当时马来西亚人的食用糖大部分是从国外进口的,本国的制糖业极为落后,郭鹤年从中看到了商机,决心抓住这个机会大刀阔斧地干一番。1955年回国后,除了经营郭氏兄弟有限公司和郭氏(新加坡)私人有限公司外,他又在新山市创办了明因私人有限公司,经营各种商品和进出口贸易。从20世纪50年代后半期开始,郭鹤年着手致力于糖业经营。

他首先在靠近槟榔屿的北海创办了第一家制糖公司,开办了糖厂。糖厂从泰国购进粗糖作为原料,进行加工精炼,然后运销马来西亚和新加坡等地,同时也通过香港的万通有限公司销往中国。除了加工糖,他还从古巴购进蔗糖,直接转卖给印尼等东南亚国家。生产和经营的规模越来越大,他自然从中取得了巨额利润。到1962年,人们就开始将他称为马来西亚的“糖王”。

1967年,郭鹤年结识了印尼首富林绍良,将白糖供应给林氏旗下的布洛公司,将版图扩展至印尼。1968年,郭鹤年进一步扩大马来西亚制糖业,又筹建了玻璃市种植机构。他很顺利地向联邦土地发展局租借到1.45万英亩土地,并把这些土地开垦成甘蔗种植园。在种植园附近是他与联邦土地局联合建立的玻璃市综合糖厂有限公司,这家公司就近炼制种植园生产的甘蔗。最初几年,种植园收成并不好,糖厂的效益也不是十分理想,但几年后,情况大为改观，产量迅速提高，糖厂的产量也跟着提高。从1973年起，马来西亚基本实现了砂糖自给。

郭鹤年的眼睛虽然盯着糖业的生产，耳朵却一直在关注销售市场。他通过信息反馈，确认国际市场的糖价将会上涨。于是，他赶在这之前，购买了大批原糖，并投资糖期货贸易。果然不出他所料，糖价不断上涨，这一次就使他获得了丰厚的利润，为他以后扩大糖业经营提供了大量资金。

1976年，郭鹤年收购了马来西亚糖厂93.3％的股份，从而接收了这家糖厂，他的股资总额达7400万马币，这段时间，他一向重视的糖业贸易也取得了巨大的成功。据报刊报道，当时的郭氏企业集团已经在国际市场每年上市的1600万吨糖中，控制了150万吨，占国际糖业市场的10％左右。在马来西亚糖业市场，则占了80％。

优秀的企业家

1971年开始，他正式进军酒店业，投下一亿马币在新加坡设立第一家香格里拉酒店。之后，他分别在各国首都及大城市建立据点，从吉隆坡、曼谷、香港、斐济等一路延伸至中国，并成为当地首屈一指的酒店集团。不过，80年代初期却是他事业的低潮期。当时，由于世界经济不景气，航运业出现"供过于求"的现象，货轮的货运量大减，使他蒙受严重亏损，估计当时的损失介于1亿至2亿美元。

20世纪80年代末期，郭鹤年决定大举投资中国，投下数以10亿计的巨资，使他成为马来西亚企业进军中国的开路先锋。20世纪90年代，郭鹤年更将触角伸及传媒及影视业。他在香港的旗舰嘉里集团，从英国人手中收购香港英文报《南华早报》，使他成为当地举足轻重的传媒大亨；入主香港无线电视，也使他的业务版图跨入影视业。后来，他在中国北京投资四亿八千万美元，建造世界贸易中心，更是倍受国际关注的重要投资。从90年代开始，《福布斯》杂志几乎每年都把郭鹤年列为亚洲十大富豪之一。根据《澳洲人报》在2004年3月公布的亚洲富豪排行榜，郭鹤年以40亿美元的身价高居大马富豪榜首。

和其他成功的企业家一样，郭鹤年的勤奋是出了名的。"如果你要和别人做生意，必须站在前线领导，而不是坐在数百里外的营帐。我相信成吉思汗在巅峰时期，也是和士兵在前线分享胜利的成果。”“企业家都有一种使命感，赚钱当然是最重要的工作。可是，当获得大量金钱后，使命感便会油然而生。因为没有使命感，一个人很快便想到退休，每天在高尔夫球场出现。”郭鹤年年近80仍然奋斗不懈，便是基于这种使命感。

无私奉献的企业家

在郭氏家族集团内部，郭鹤年的地位举足轻重，公司每一次发展扩大，他都是核心策划者和决策者。他受过良好的教育，好学聪慧又使他具有领袖的素质。他高瞻远瞩地关注事业，对人却礼貌谦和。在关键时刻，他自有一种“绿杉野屋”般的沉静，更有洞察细微的练达。加上他果敢精明，注重实效，郭氏家族成员无不敬重他。郭鹤年是一个不慕虚名的人，他讲话言简意赅，做事向来踏踏实实，不像某些企业家那样喜欢炫耀，爱当明星。他务实，不喜欢参与政治。虽然他与马来西亚、新加坡两国的许多要人有着深厚的私人交情，但他除了曾担任马来西亚驻美国大使和马来西亚旅游局主席等职位外，极少出入政界。

1985年，马华控股有限公司向新加坡20家银行借款2000万美元，按照契约规定应在1987年1月偿还。但由于公司领导经营不善，到期竟无法偿还。这就意味着马华控股有限公司将面临被有关方面接管的厄运。这个公司是马华公会于1975年组建的，主要经营种植业、金融业、制造业、保险业、船运以及贸易等。马华合作社握有马华控股公司的22000多万股股票，占缴足资本的30%。如果马华控股有限公司被接管，马华合作社将会有灭顶之灾。同时，也直接影响到马华公会的前途。生死存亡之际，马华公会领导经多次协商，最后决定进行全面改组，原有的10名董事统统辞职。马华公会总主席林良实亲自出马，邀请“糖王”郭鹤年、“橡胶大王”李华生、著名律师曾华英，以及玻璃市种植机构董事胡本金，由他们4个组成新董事部，郭鹤年任董事部主席，主持和领导新的马华控股有限公司董事会。

经过协商，4人董事部立刻筹款偿还了2000万美元的债务，马华控股有限公司得以存活。而他们4人中，没有一个人进行新的个人投资入股或进行股权转让。此举纯粹是为了公众，为广大华商服务的。林良实曾在记者招待会上表示："他们为华商社会服务的志愿值得赞扬，同时，应该受到每一位有关人士的全力支持。"又说，"马华领导层非常感激4位新董事挺身而出，为马华集团服务。"

郭鹤年等人这种不计私利、力挽狂澜的举动博得了社会各界的广泛好评与支持。《南洋商报》发表专论，对他们的义举给予赞扬。郭鹤年一直与马华公会的领袖们保持着良好的关系。1985年，马华公会总主席、马来西亚国会议员陈群川因不慎卷入与新加坡有关的经济案，被新0口坡法院以唆使他人失信等15条罪状扣押候审。郭鹤年在了解实情后，独自负担巨额保释金，将陈群川保释出狱。这一举动又一次震动了当地社会，引起了广泛注目。郭鹤年在马来西亚，无论在政治上，还是在经济上，都是举国瞩目的人物，他参与的这两件事都与马华公会有关，这使得他在该国广大的华人社会中具有举足轻重的地位。

三菱霸王——岩崎弥太郎

全　名：岩崎弥太郎

国　籍：日本

生卒年：**1834～1885**年

地　位：“日本第一财阀”三菱集团的创始人

三菱集团是“日本第一财阀”，也被称为“最强最大的企业军团”，位居日本六大企业之首。它的领航人岩崎弥太郎，因此成为整个日本和亚洲的传奇人物。这样的人物总有丰富的经历和独特的眼光，从下面的小故事里可以看出一二。为了让儿子见世面，父亲弥次郎不惜卖掉祖先遗留下的山林，作为去江户的盘缠，这使弥太郎极为感动。临出发的前一天晚上，他来到家附近的一个祠堂，掏出笔墨，在星神社的门上写道：“日后若不能扬名天下，誓不再登此山。”

监狱里的机遇

岩崎弥太郎出生于一个小村庄。父亲弥次郎，因家境中落而丧失了乡居武士的地位，不再享有武士家族的荣耀。当时的日本社会等级制度森严，岩崎家备受歧视和冷遇。这些屈辱的下层生活经历，使弥太郎从小就充满了对贵族的仇十艮，培养了他不屈不挠的性格。稍大一点时，他决定和老师去江户生活，为了让儿子见世面，父亲弥次郎不惜卖掉祖先遗留下的山林，作为去江户的盘缠。在江户的日子，弥太郎的才学大有长进。但就在这时，父亲却遭人陷害,被投入监狱。弥太郎闻讯从江户赶回来为父申冤,不料,郡奉行所官员竟与村主任串通一气,拒绝他的申诉。弥太郎怨恨难抑,在奉行所的柱子上,愤怒地刻下“无贿不成官,罪由喜恶判定”几个大字。奉行官大怒,命人削掉柱子上的大字。但是,弥太郎又在奉行所外的白墙上写下同样的字。恼羞成怒的奉行官竟将弥太郎也逮捕下狱。

弥太郎与一位樵夫关在同一间牢房,这个樵夫擅长算术。一天,樵夫对他说:“没有一项工作,比做生意更有意思了。”弥太郎说:“做生意是好,可是我不通算术,你能教我吗?”樵夫爽快地答应了。过了不久,弥太郎就能很熟练地运用算术了。樵夫夸奖他说:“我花四五年才学会了算术,你一个月就这么明白了,一定是块经商的好料。”这给了弥太郎莫大的鼓舞,他此时对从商有了模糊的向往。

三菱的诞生

出狱后,弥太郎依然受到一定的处分,他的活动被限制在鸭田村内,长时间的隐居使弥太郎深切感受到社会的不公正,便打消了曾经有过的在官界出人头地的想法。虽然隐居并非弥太郎所愿,但这一时期他的精神境界得到了升华,不断考虑着自己与国家的前途。隐居期间,弥太郎还在安艺河岸边筑堤造田,1864年他完成了造田工作,获得了可观的收入,继而又担任了奉行所的下级官员。

1866年,岩崎弥太郎在后藤象二郎的开成馆任职,开成馆的呆板作风令弥太郎感到无所适从,40天后就辞官而去。第二年,他又被后藤请出来挽救危局,此时后藤被提升为参政,他在长崎控制的“土佐商会”由于经营上的不利,导致“开成馆”濒于倒闭,土佐藩的财政也岌岌可危。这时他想起了岩崎弥太郎,并将大权交给了他。岩崎弥太郎终于成为土佐商会的负责人,他利用手里的权力在伊吕波号撞船事件,以及之后的一系列处理中将8万3000两银子纳入私囊,有人认为正是这笔钱成为三菱的创业基金。

1869年1月,弥太郎由长崎来到佐藤藩开成馆大阪商会,7月被任命为开成馆代理干事。1870年9月,他与后藤商谈“大商会”脱离藩而自立,以“土佐

开成商社”的私人名义继续运营，土佐开成商社并没有成立，而弥太郎成了“九十九商会”的负责人，他得到红叶、夕颜、鹤三艘藩船的使用权，开始经营大阪——东京、神户——高知的海上运输业。1871年7月，日本废藩置县，土佐藩变为高知县。在当局的劝告下，弥太郎“九十九商会”转为个人事业，翌年1月，该商会更名为“三川商会”，1873年他又将其更名为“三菱商会”，至此，三菱公司诞生了。从此，弥太郎断绝了与政界的关系，专心经营事业，他要通过商业上的巨大成功来达到自己的愿望，强烈的国家思想也因此而获得满足。

独特的经营观念

在企业的日常管理中，弥太郎还很注重从小事抓起。一次，弥太郎把一位高级干部叫到他私人的住所去，拿出一张用公司的便条纸写的请假条，训斥道：“你到底在干什么？”那位高级干部突然遭到严厉的斥责，完全不知所措，仔细看过字条后，才发现是自己前几天用公司的便条纸写的一张请假条。这时岩崎弥太郎语气更为严厉地说：“你身为公司的高级干部，都无法公私分明，浪费公司的便条纸写私人的请假理由，究竟是什么道理？我要严厉地处分你！”当场下令罚他减一年。这位干部自己也知道犯了大错，立刻就向岩崎弥太郎道歉，并且心甘情愿地接受处罚，此后的工作态度变得更积极活跃。

所谓千里堤防，溃于蚁穴，一张小便条的浪费，可能就是公司经营危机的开始。这就是岩崎精神的所在，事实上，如果没有岩崎弥太郎最初的忍辱负重和成功后的勤俭节约、用人艺术，就没有日后的“日本第一财阀”。

岩崎弥太郎在日本开创了商界起用书生的先锣，J，他对此有自己独到的见解：“以往我们只在公司里使用一般人才，那些人因未受过多少教育，故而全然不知一件事情的轻重缓急。要让一个普通人成为学者很难，让学者熟悉怎么做生意却比较容易。”甚至连会计出纳的工作他也宁愿用士人而不用商人。他认为，士人多半勤劳廉洁，不必担心他们会做假账。这个传统一直到今天还适用着。三菱选用很多高校毕业生，作为后备干部梯队加以培养，最后安排到企业最高管理部门。岩崎认为，大学生进入财阀企业，起到了促进企业现代化进程的巨大作用。

三菱事业继承的和发展

1882年政府计划成立了一个由涉泽荣一出面的大海运公司“共同”，它旗下拥有多家运输公司，资本达到了前所未有的高度，运输的线路与岩崎的公司如出一辙，其目的就是要打垮岩崎。“共同”与“三菱”的竞争其实是两种经营思想之间的对抗，岩崎固守他的“家业”信念，在强劲的挑战面前，岩崎沉着应对，充分发挥了他超人的领导才能，调动员工的积极性，公司的生产力水平比对手高出许多。与共同社的竞争最终在两家公司的合并中落下了帷幕，1885年共同出资600万，三菱出资500万，成立了日本邮船公司，而事实上三菱已经拥有了对方的大部分股票，所以公司的权力依然控制在岩崎手中，这家公司是日本最大的公司，它在当时的日本人心有着特殊的印象。海运公司性质的三菱随着与共同运输的合并，日本邮船的诞生而消失，但政府严禁其从事海运以外的事业，而唯一例外的是附属于海运的事业。所以煤矿、海上保险、造船就成了三菱未来的出发点。此前弥太郎就为今后的发展做了一定的准备。1880年开创三菱汇兑所。1881年3月，三菱买下了高岛煤矿。同年创立了日本第一家人寿保险公司。

岩崎弥太郎却在这种激烈的竞争带来的紧张气氛中撒手人间，他的弟弟弥之助继承了三菱的事业。明治18年，从弥之助当上社长以后，三菱开始实现它的多元化事业，在高岛煤矿购买5年以后开始生产惊人的经济价值。1889年又买入新人、鯰田两处煤矿，在经营中他将新技术引进日本，矿业成为弥之助时期三菱的最大收入来源。接着弥之助利用矿业的收入，将三菱导向以造船业为中心的近代重工业集团。与矿业、造船业同为弥之助梦想的是银行业，房地产业，等等。渐渐地，三菱将 它的生产从相对集中的产业向更广泛的方向发展，综合性的商社、铁路开发、机电、重工业造纸、玻璃以及啤酒都是三菱涉足的地方。就这样三菱一步步发展成为日本的大集团，成为日本第一财阀。而弥太郎从一个贫苦人家的子弟，靠着自己的努力白手起家，创伟绩。相信他的成功，给后人留下的是太多的深思和感慨。

松下电器的创始者——松下幸之助

全　名：松下幸之助
国　籍：日本
生卒年：**1894～1989**年
地　位：松下集团的创始人

他的企业经营管理经验倍受世人重视，享誉全球。他是全世界最大的电器制造商，将“松下”的名字牢牢刻进了人们的心中。他的一生多姿多彩，充满刺激性和传奇性。他既不出生在富贵之家，也没受过高等教育。正因为这样，他经历了人世的酸甜苦辣，在摸索和实践中产生了自己的主见。童年和青年时期的酸甜经历，是松下人生中重要的财富。

积极主动抓住机遇

松下幸之助于明治27年出生于日本和歌山县海草郡的一个小地主之家，是松下正楠的第三个儿子。他5岁时，父亲的大米生意惨败，全家生活陷入窘迫之中。1904年，在他9岁时就被迫辍学离家远行，在大阪开始了自己的学徒生涯。

松下在宫田的火盆店里主要是打杂，如打扫店铺、擦亮火盆、帮主人照看小孩等。和经常磨破手皮的擦火盆对比起来，带小孩的工作要有乐趣得多。一次，松下带着孩子又来到邻居家。三四个孩子正围着一个瓷盆玩铁陀螺。松下看得兴起，也凑到前要求试一下，他用尽全力扭动身子发动了铁陀螺，背上的孩子因为这一甩动向侧面倒下去。幸亏松下反应快，扭身抱住了孩子的双腿，孩子才没有栽到地上去，但额头磕在凳子上，立即肿起了一个包。

孩子顿时撕乙裂肺地哭起来。松下大惊失色，心想这回祸闯大了，非挨主人家一顿臭骂不可，弄不好还会砸了饭碗。急中生智，他到街上给孩子买了包子吃，又找了点肥皂涂抹在孩子肿起的包上，那包看起来也不算太显眼了，松下这才背上孩子回家。回到家里，松下主动把事情报告给了老板娘。老板娘看孩子没出什么大事，也就没有责怪松下，反而对松下赞赏不已。松下临危不乱地处理整件事，已初具大将之风。

长大后的松下，看到了电器市场的巨大潜力。他年轻时到一家电器工厂去谋职，这家工厂的人事主管看着面前的小伙子衣着肮脏，身材瘦小，觉得不理想，就借口说现在不缺人手，让松下一个月之后再来。这本来是个推辞，没想到一个月后松下真的来了，那位负责人又推托说："有事，过几天再说吧。"隔了几天，松下又来了。如此反复多次，主管只好直接说出了自己的态度："你这样脏兮兮的是进不了我们工厂的。"于是，松下立即回去借钱买了一身整齐的衣服穿上，再来面试。负责人看他如此实在，只好说出实情：松下并不了解电器方面的知识，因此工厂不想录用他。

不料两个月后，松下再次出现在人事主管面前："我已经学会了不少有关电器方面的知识，您看我哪方面还有差距，我一项项来弥补。"这位人事主管紧盯着态度诚恳的松下看了半天才说："我干这行几十年了，还是第一次遇到像你这样来找工作的。我真佩服你的耐心和韧性。"松下幸之助这种不轻言放弃的精神打动了主管，他得到了这份工作，并通过不断努力逐渐成为电器行业非凡的人物。松下曾说："失败不仅是一次挫折，也是一次机会，它使你找到自身的欠缺，不轻言放弃，这样一路积攒下来，也就堆出了你要的成功。"

艰辛创业

1917年6月，22岁的松下提出了一个改良插座的设计方案，但未被采纳，还遭到了耻笑，盛怒之下，他离开了工作7年之久的电灯公司，凭着满腔热情和雄心壮志，以100日元起步，创立了现在名声显赫的松下电器产业公司。

创业伊始，松下即品尝到了艰辛。他的第一种产品，也是当初他向大阪电灯公司推荐的产品——改良插座，竟然毫无销路。

他不懈地开发新产品，琢磨经商之道，先后成功地制造并销售了电风扇绝缘板、辅助电源插头和两灯共用的双头插座。创业的第二年底，他狭小的"松下电器用品制造所"已初具规模，拥有20名雇佣工人。此后，他先后成功地设计开发了新产品"炮弹型电池车灯"以及改良型角型车灯，投入市场后获得惊人的成功。后来，被认为是家庭必备品的新型角型车灯被冠以"National"商标。从此，National品牌传遍了日本。松下幸之助及其企业也从初期的冒险创业中脱颖而出，成功完成了向大企业的转变。

第二次世界大战结束后，松下电器一度被美驻军总司令指定为财阀产品，从1946年6月起到1950年10月止的4年时间里，松下公司被禁止进行经营活动，企业陷入了绝境。1950年，财阀限令解除后，松下幸之助如鱼得水，迅速出访美国进行生平第一次的出国考察。远见卓识的美国之行，使他大开眼界，发出了进军世界市场的呼声。次年，他与荷兰飞利浦签订了合作协议，从此奏响了松下电器走向世界的战略序曲。

独特的精神教育

松下幸之助是一位十分懂得人力资源在企业中重要作用的企业家，他不仅擅长于经营企业，解决各种各样的危机和矛盾，而且十分重视职工的精神教育。他善于把职工的意志与企业的经营目标高度统一起来，使他认识到自己所从事工作的目的及重大的社会意义，萌发他们的主人翁精神，发挥他们的生命价值。1932年，松下向公司的全体员工发表了企业经营的基本方针，他说："产业人的使命是消除贫困，丰富物质生活，向国民提供物美价廉的产品。这就像自来水管里的水一样，尽管处理水需要一点费用，但供水非常充足，乞丐可任意地拧开门前的水龙头喝水。因此生产者的使命就是，生产大量的重要的生活物质，使其像自来水一样，取之不尽，用之不竭，以几乎免费的价格提供给消费者。"

1933年，松下又在此基础上，发表了比基本方针更通俗易懂的松下五大精神:“产业报国精神、光明正大精神、团结一致精神、发愤图强精神、恪守礼节精神。”1937年,又增加了“适应同化精神”“感谢报恩精神”。为了加强全体人员的团结,同年,松下又设立了每天的早会和晚会制度。每天早晨,无论是公司的干部,还是普通员工,都高声朗诵松下的七大精神,从不间断,直至今日。在早会和晚会上,松下还给公司的每个职员每人一分钟围绕基本方针谈感想的时间,以锻炼大家的口才和胆量。每当此时,人们就像服了兴奋剂一样激动起来,争先恐后地上台,亢奋地大声陈述自己的抱负和想法。松下本人也不失时机地把自己的思想传授给职工们。通过这种方式,将公司首脑的想法传达给每个人,也把每个人的想法反馈给了首脑,有力地加强了公司高层干部与普通职员间的沟通和团结,使职员们真正领悟到积极向上的生存和工作的价值,引导他们为国家和企业奉献聪明和才智。

他以索尼而自豪——盛田昭夫

全　名：盛田昭夫

国　籍：日本

生卒年：1921～1999年

地　位：“索尼”的创始人，精神领袖，第一个实现了日本人“企业国际化”的梦想，由此荣登1982年《时代》周刊封面

现在，收音机、随身听已经很普遍了，男女老少都在通过这个小匣子了解信息，松弛神经，它给人们带来了无穷的快乐，我们经常可以在它们上面见到“SONY”的标志。索尼是行业内当之无愧的巨头，世界上第一台录音机和袖珍收音机也都写着“SONY"。这一切都得归功于日本企业家盛田昭夫。

不图安逸，另起炉灶

盛田昭夫出生在日本一个很有名望的酿酒世家，作为长子，他是家中既定的继承人。小时候的盛田昭夫在家中备受宠爱，他的母亲十分喜欢音乐，经常带他去听音乐会。在母亲潜移默化的影响下，小昭夫很小就对声音、电子以及能发出声音的东西充满了兴趣。当父亲买来了日本最初进口的电唱机时，他更是天天守着这个小东西，除了欣赏音乐外，他还琢磨起它的工作原理来。他开始自己看书，独立钻研，终于，他一个人安装出了一台电唱机和一部无线电接收器。盛田昭夫从小就显露出对物理的天赋与热爱，无论是高中还是大学，他都在认真学习这门专业，他从钻研中获得了无限的乐趣。

大学毕业后，盛田昭夫在海军研究部从事物理方面的工作，有幸认识了同样热爱物理的井深大先生，他们成为知己。1945年战争结束后，盛田昭夫回到家乡，在东京工业大学任物理教师。一天，他偶尔从报纸上看到老友井深大正在筹办一家电讯公司的消息，便立即与井深大取得联系。当他来到井深简陋的办公室时，感受到的是对工作深深的热情。为着同样的爱好和对事业的追求，盛田和井深大决定成立新的公司。在当时的日本，作为家族长子，不继承自己的家业而与别人合伙开办公司，是大逆不道的行为，幸好盛田的父亲很开通，他全力支持儿子的爱好。

艰难创业，推销有术

创业初期的环境是艰难的，他们租下远离市区的砌日平房作为研究场所，四周挂满了邻居家晾的尿布，钻尿布上下班成了每天必做的功课。因为屋顶漏雨，下雨时两人还得打着伞办公。当盛田的亲戚来看望他时都惊呆了，他们实在难以想象当初养尊处优的大少爷放弃了家族事业而遭这份罪，真是不可思议。

盛田和井深大沉浸在创造的快乐中，他们试制出了磁带录音机及磁带。它使用方便，录放音质高，大大超越了当时的钢丝收音机。为了让人们尽快接受它，盛田用汽车拉着产品，到公司、学校、商店展示新产品。当他用这个看起来怪模怪样的录音机录下人们的谈话，然后再放出来时，人们无不感到惊奇万分。人们的热情很高，但购买的人却很少，因为大家觉得它的价格过于昂贵。

首战失利的盛田并不泄气，他仍然在寻找机会。

有一天，他在一家古玩店发现一位顾客毫不犹豫地以高价买下了一个旧坛子。

这一发现让盛田茅塞顿开：一定得面向懂得产品价值的人来推销，新产品才会畅销!盛田昭夫开始有针对性地展开推销，他向法院的速记员、驻日美军控制下的英文学校演示磁带录音机的用途，销路打开了，磁带录音机成了热销货。盛田昭夫的事业有了一个很好的开端。

索尼公司的创新经营

1957年，盛田昭夫又有了创新发明——可放在口袋内的半导体收音机。其实，这款收音机对于一般的口袋尺寸而言还是太大，不过这难不倒盛田昭夫这样天生的业务人才。他为日本和美国市场的销售人员定做口袋比较大的衬衫，这样问题自然迎刃而解。

这款产品的销售量高达150万台，大多数都是在美国市场销售的。

这是盛田昭夫事业迈入国际化品牌的关键契机，盛田昭夫意识到与世界的距离越来越近，全球化市场的来，临将是必然的发展趋势，他也希望全世界的消费者都知道他们的品牌。那时候公司的名称叫作“Tokyo Tsushin Kogyo K K”，对于国际市场的客户来说，这根本是无从发音的名字，因此他和井深大决定换个新的品牌名称。

盛田昭夫对于新的品牌名称已经有些基本的概念，它应该要短，好念，容易吸引人们的目光，好记而且要用罗马拼音字母。盛田昭夫和井深大翻遍字典之后发现代表声音的拉丁文“SOUNS”，因此决定把这个字融入公司的新品牌名称当中。“SONNY”这个字和代表发音的拉丁文非常相似，而且那时候很受年轻一辈美国人的欢迎，此外，他们也觉得这个名字会让人想起年轻、充满活力的公司。因此他们把“SOUNS”和“SONNY”这两个字结合在一块，便成了现在大家熟知的品牌“SONY”。在品牌更名的过程当中，国内外市场都传来很大的反对声浪，因为他们的既有品牌已经建立起一定的知名度。不过盛田昭夫对自己的眼光深具信心，因此不顾任何阻力，毅然将品牌名称改成“SONY”。

没有多久，SONY就推出全世界第一台半导体电视机，还有无数的创新产品。盛田昭夫希望打造出自己的新市场，他对发掘市场需求具有独特的眼光，有时候连消费者都不知道自己有这样的需求，他这种精准的眼光已经到了传奇的地步。盛田昭夫深信公司必须要领导消费者的口味，而不是落在消费者之后，最典型的例子就是随身听。

盛田昭夫深信，如果当初在随身听研制出之前去做市场调查，问消费者想不想买这样的产品，他们所获得的答案必然是否定的。不过盛田昭夫对随身听的发展前景非常有信心,他看到自己的小孩整天在玩音乐,许多人在汽车里头听电台的音乐,有的人甚至带着大型收音机在街上听音乐。工程师原本对于生产没有录音功能的随身听感到迟疑,但是盛田昭夫非常坚持。他要求工程师务必把随身听做到方便人们随身携带的尺寸。

盛田昭夫对于许多日本企业管理的做法赞扬有加,尤其是照顾员工的传统:他认为西方管理文化太过注重财务上的游戏和账面资产,而日本企业则着重在实际的分店开设、生产实际的产品,创造历久不衰的价值。不过他对于西方管理理念也是兼容并蓄,譬如奖励的文化,让有功于公司的员工享有更优厚的薪资和福利,以及配发股东更高的股利。也就是说,公司不但以传统的日本风格来照顾员工,并且基于西方管理文化来激励员工的工作士气,提供奖励改善他们的生活品质。盛田昭夫备受员工的爱戴,员工对于公司更是忠诚有加。他具有温文儒雅的个人魅力,天性乐观,而且对于追求新的体验具有高昂的热情,他学滑雪和潜水的时候已经50多岁了,后来70多岁的时候他还保持定期打网球的习惯。

1989年,SONY买下哥伦比亚影业,结果公司里头的外国员工比日本员工还多。SONY在盛田昭夫的带领下跨越了国界的藩篱,而这也正是他打从一开始就抱持的理想。盛田昭夫在1993年中风后辞去SONY董事长的职务,当时公司的年营业额已经远远超过几亿美元。

1999年,78岁的盛田昭夫辞世,人们为他所写的讣闻当中赞誉他为20世纪最具影响力的企业家之一。

从零到亿万再破产——和田一夫

全　名：和田一夫
国　籍：日本
生卒年：**1929**年～
地　位：“八佰伴”的创始人

他和本书里其他企业家不同的是，这个故事的主人公现在已是一贫如洗，他创下的“八佰伴’’只是昔日的辉煌了 他曾创下开业第一天顾客最多的吉尼斯世界纪录，也创下了破产金额最高的吉尼斯世界纪录。但他并不灰心，70岁时打算东山再起。

“八佰伴”声名鹊起

1929年，和田一夫出生于静冈县热海市郊野的一个贫寒家庭。和田一夫的父母开办了一间名叫“八佰伴”的蔬果杂货店，和田一夫的母亲和田加津勤劳能干，将店铺打理得井井有条。和田一夫曾经梦想当一名外交官，但作为家中的长子，他从18岁开始，就边学习边帮助父母打点生意。既然做了，就要做到最好。和田并不满足于父母常规的保守经营，他利用自己所学的一些商业知识，将更多的时间用在了观察和分析商机上。他意外地发现人口只有四五万的小小的热海市，居然是全日本物价最高的地方，而这一点被绝大多数人忽略了。在这里，赊账是家常便饭，赊账严重地阻碍了资金的流通，而高价的商品又让人们对于消费望而却步。可是当地人对这种局面早已习以为常，并不觉得其中有什么令人费解的地方。

年纪轻轻的和田一夫凭着其商业天聪，意识到八佰伴要发展，就必须改革，首当其冲的拦路虎就是赊账和标高价。但就在他打算大干一场时，一场空前的大火席卷了整个城市，八佰伴也和其他商店一样，在这场无情的大火中毁于一旦，化为灰烬。面对一片焦土，父母亲当场就晕了过去，这样的惨状，让和田一夫下定决心绝不屈服，要再次把八佰伴的招牌挂起来，不仅要把这小商铺变成热海市最大的商店，还要把八佰伴的业务扩展到全日本乃至全世界。

一次偶然的机会，日本两个著名的财经界理论权威学者联袂到热海市附近举办一个经营研讨会。大家一致举荐母亲和田加津去参加，在研讨会上，母亲了解到“商人的价值不在于赚多少钱，而是由顾客的愉快与否做判定”，还得到一条信息：有一位住在郡山市的商人，在他开设的名叫红丸的商店，实行现款交易的买卖，不赊账，所有货品都以最廉价出售，结果生意兴隆。全家人都来到红丸的商店进行现场观察，之后一致决定破除赊账，实行现款买卖，而这正符合和田一夫早先的打算。

1955年11月1日，这是一个历史性的日子。就在这天，八佰伴正式实行现款交易和{氐价出售的新举措。由于事先做足了宣传，还没等开门，八佰伴门前就被围得水泄不通。一开门，顾客蜂拥而进，疯狂地抢购商品。店员忙得满头大汗，应接不暇，两部收银机没有一刻停歇。第二天，八佰伴现款交易和{氐价出售的消息就在热海一带广为流传，顾客更是纷至沓来，有的人甚至从几十里外乘车赶来八佰伴购货，此后的八佰伴真正成为远近闻名的价廉物美的商店。

但和田一夫并不满足，1962年，32岁的他参加了一个名为“美国西部百货业视察团”的商业组织，赴美国洛杉矶考察，主要是向当时在美国零售业十分流行的超级市场学习管理技术和经营策略。在考察中，和田发现超市这种新型的买卖方式便捷高效，可以省下很多不必要的开支，于是他决定留下来偷师学艺。他先来到一家超市做杂工，对商品的库存、分类、包装、上架、标价等都仔细揣摩，收工后把原始数据和心得记在笔记本中。和田一夫发现，超级市场对买卖双方都有好处。对顾客来说，自由挑选商品，一次性付款，方便购物；对店主来说，可节省大笔人事开支。

和田一夫决定把超级市场作为为八佰伴今后的主营方向。回到日本后，和田一夫便着手将自家的老店改成超级市场。也就是这一年，33岁的他正式接替了父亲的社长职位。从此，八佰伴进入和田一夫时代。

海外扩张

20世纪60年代中期，日本百货业进入动荡的时代，许多像八佰伴这样规模的公司开始大分化、大改组、大兼并。虽然八佰伴坚持走独立发展的道路，成绩斐然，但仍有遭外强吞并的危险。

和田一夫经过反复权衡，决定提前走海外发展的路子。

他最先把目光放在了巴西，当时巴西正处于经济发展期，有相当大的市场空间。1969年5月，和田一夫乘飞机飞往巴西东南海岸的大都市圣保罗，进行实地考察，当地落后的服务业令他十分吃惊，日本的服务水平至少比这里要先进一个世纪，这无疑是八佰伴的一个好机会。1971年9月24日，巴西首家八佰伴百货公司开张，和田一夫带领全体职员站在店门口，一边频频鞠躬，一边不停地说："欢迎光临，请多关照。"开张仪式后，顾客如潮水般涌进商场。不到一小时，已有超过一万人进入店铺，店内挤得水泄不通，收银台前排气长队，这是和田一夫在国外从未遇到过的情景。

在巴西开设分店成功后，和田一夫决定加大海外投资的力度。他最明确的国际化构想就是"环太平洋连锁化"。1974年9月14日，新b口坡八佰伴开张；1984年12月22日，香港八佰伴第一号分店开张；1987年，马来西亚八佰伴第1号店开张；1988年，台湾八佰伴第一号店在台中市开业。1990年，八佰伴国际流通集团总部从日本转移到中国香港。当年，和田一夫访问了北京和上海，了解到上海浦东地区开发的宏大计划，毅然决定在浦东建世界上最好的百货店。1995年12月，"上海第一八佰伴"在浦东开业，开业当天，一共接待了107万名顾客，这不仅仅创造了八佰伴集团的一个新纪录，而且创造了一项吉尼斯世界纪录。

但繁荣的背后也隐藏着不安的阴影。和田一夫在日本的分店数增至58家，其中"新世纪半田"一次投资就高达1.5亿美元，而八佰伴集团在日本国内的总收益才900多万美元,如此不合比例的投资,一时间被日本同行引为笑谈。1992年,他又斥资3.4亿美元在上海合资建造了世界第二大规模的上海新世纪商厦,他更石破天惊地宣布要在2000年,在中国内地建立1000家超级市场、3000家汉堡包快餐店。然而,他犯了欲速则不达的经营大忌。他不惜负债求发展,令集团潜伏下巨大的危机。由于过度扩张和市场定位不准,1994年八佰伴兵败北京;1995年,上海新世纪商厦也陷入严重危机……八佰伴的经营开始极度恶化,债台高筑,欠下13亿美元的巨额债务,公司不得不于1997年9月18日宣告破产!他的破产也同样破了吉尼斯世界纪录。

不死之鸟

一夜间,和田一夫变成一个连累八佰伴股东和员工的罪人。夫妇俩最终决定宣布“自我破产”,交出所有财物,向企业界告别,搬到一个租来的两室一厅的居室。和田一夫一生经历过三次失败。

第一次是他21岁时热海的那场大火,第二次是遇到经济危机,和田一夫在海外的第一笔投资——20世纪70年代在巴西的投资全部损失,第三次失败就是八佰伴破产。

泡沫经济崩溃已经有10多年了,但日本的经济依然没有曙光,在这样的背景下,许多倒闭破产的企业家走上了自杀的不归路。在经历了最初的痛苦、伤心、绝望之后,和田一夫在书本之中寻找慰藉。他曾经回忆说,八佰伴宣布倒闭以后,他就捧着《邓小平传》读了好几遍,好似找到一个知己,因为邓小平和自己一样,失败过三次。他还说:“邓小平最后一次从失败中站起来时是74岁。之后,他提倡改革开放,留下丰功伟业。而当八佰伴倒闭时,我才68岁,我深信还有机会东山再起。”

和许多倒闭破产后走上自杀的不归路的企业家比起来,和田仍然是胜利者。虽然输了一世苦苦建造的事业,但68岁的他依然乐观向上,寻求东山再起,他拥有坚韧的生命力。和田曾说过:“火凤凰必将重生,在燃烧自己后,会再创造新天地,大不了从零开始……有梦想,就有可能。”

带动日本走出网络的黑暗时代——孙正义

全　名：孙正义

国　籍：日本

生卒年：1957年～

地　位：美国《商业周刊》在评定1999年度全球25名"管理精英"中，孙正义名列榜首，《福布斯》杂志称他为"日本最热门企业家"

谁是互联网时代最大的受益者?答案不是比尔·盖茨，而是孙正义。谁是网络时代的无冕之王?不是杨致远，还是孙正义。他是互联网风险投资公司"软件银行"的创立者，日本媒体称他"带动日本走出网络的黑暗时代"。

找到第一桶金

孙正义的祖父辈从韩国移民至日本当矿工，并取日本姓氏安本，父母在九州岛经营柏青哥生意。孙正义小时候，家里并不富裕，父母靠养鸡养猪来维持生活。祖母每天都很早起床，推着车去各个地方搜集剩饭，作为鸡饲料。孙正义便坐在推车上，日子虽然过得辛苦，但祖母乐观向上的态度感染了小孙正义，他从小就有颗感恩的心。祖母经常教导他只要相信问心无愧，总能找到幸福。后来家境好转，孙正义踏上了去美国留学的征途，在加利福尼亚大学的生活彻底改变了孙正义后来的人生。在美国留学的6年中，孙正义学习十分刻苦，常常连走路、吃饭、去厕所，甚至进澡堂都捧着书，每天的睡眠时间缩减为3—5个小时。

当时大学里很多人都在勤工俭学，可是孙正义认为像洗盘子之类的工作太过枯燥没有创造性，他想通过自己的发明创造去赚。他规定自己每天都必须有一个发明研究，不管大小。一年后，在他的“发明研究笔记”中一共洋洋洒洒记载了250项发明，其中有一项发明，就是输入日文单词会有正确的英文发音来回应。

为了把自己的产品推销出去，孙正义在假期回到日本，给50家家电厂商的社长发送了邮件，并亲自上门拜访了10家公司，但都遭·到了拒绝。孙正义并不气馁，几经周折，他见到了“日本电子产业之父”佐佐木。刚开始的时候，佐佐木并没有太在意这个年轻人，但在孙正义认真讲述自己的发明时，他被孙正义富有朝气的言辞和积极的态度所打动，他认为这个年轻人充满了勇气与干劲，大力栽培的话，定有番作为。于是，佐佐木用4000万日元买下了这个发明，孙正义获得了自己的第一桶金。

孙正义利用赚到的钱，在美国开设了一家名叫Unison World的公司，从事多国语言翻译机的商品化与其后的产品开发，以及进口电玩机与开发电玩软件。他从日本买进电玩机，经过重新组装后，放在餐厅、酒吧、咖啡厅与学生宿舍等地，生意最兴隆的时候，他曾经拥有350部电玩机。当这一切都顺利发展的时候，孙正义却选择了放弃，他把社长的宝座让给友人，丢下一句“I shall retun”后，回到日本。因为他只是把这个当成学生时代一个打工的工具，一个正式公司的预演，而日本才是他真正事业的开始。

孙正义就是这样，他的目光总是放得很远，不只是看到眼下，一旦认准了目标，他一定会坚持走到终点。他后来回到日本在选择做什么公司时，他的预算材料就堆了几层楼高，而在他通过长时间的观察和思考，得出了他的互联网公司可以存在300年的结论。有趣的是，他非常喜欢看中国的《孙子兵法》。从一开始看到这本书，孙正义就感觉十分亲切。孙子信奉第一主义，而孙正义从懂事时就告诉自己，一旦决定要做，就要成为那个领域的第一，这既是战争法则，同样适用于商场。孙子认为战的最高境界就是“不战而胜”，这也引起了孙正义的共鸣，与其和竞争对手打得你死我活使双方都损失巨大，不如采用合并的方式，联合起来寻找更好的发展。

主要的功绩

21岁毕业后，孙正义因为思念母亲，再次横渡太平洋回到家乡，并改回自己的韩籍姓氏。

1981年，23岁的他成立软件银行，在半年之内，与日本42家专卖店和94家软件业者交易来往。80年代后期，孙正义在日本苦心经营，他溯匠了日本大财团如东芝和富士通，共同参与软件银行的投资，但不幸因经营不顺而拆伙。

一年后，孙正义一肩担起损失的责任，退回财团原有的投资金，赢得了前辈们的钦佩，软件银行声名鹊起，也为孙正义奠定了事业的信用基础。

1991年，以C语言编译器闻名的Borland公司，准备在日本发行升级版，当时Borland公司执行长PhilippeKahn很快就和软件银行达成共识。同年，他说服美国区域网路专业公司网威开创东瀛新市场，为了分散风险，邀约迪士尼入伙。到了1994年，网威系统成为区域网路的主要标准之一，年营业额达一亿三千万美元。网威副总裁Darl McBride评价孙正义是个可以使任何事成真的中介人。

1992年，孙正义得到思科系统的日本代理权，现在日本市场的软件销售通路70%都由软件银行掌握。1995年2月，孙正义和思科系统总裁钱伯斯讨论销售思科的路由器，以及成立思科日本分公司的可行性。软件银行马不停蹄地邀集了日本14家会社，共同出资4000万美元，完全准备就绪仅仅花了一个月时间。为此，思科业务部负责人彼得·克拉克说孙正义不像慢条斯理的日本人，倒像雷厉风行的行动派。

1994年，软件银行在日本已拥有日本展览业界最具规模的Expos协会，也持有朝日电视的少数股份。

1996年，日本雅虎成功进军东瀛，第一年就获利，在店头市场初次公开上市就一炮而红。85%的日本网友曾造访此站，更重要的是，由雅虎入口网站通过软件银行投资的电子商务。

1998年2月，软件银行以4亿1000万美元脱手雅虎2%的股票，净赚3亿

9000万美元，当年以1亿美元购入30%的雅虎股份，如今只剩28%仍值84亿美元。1998年7月，孙正义以4亿美元投资美国著名的E—Trade线上券商。

1999年，全国证券商协会也同意和软件银行合资共组“日本纳斯达克股市”，以互联网下单为主要窗口，以期构建起制度化、透明化的网上交易系统。

至2000年，软件银行拥有的美国企业已达300多家，孙正义的软件银行终于成为真正的“全球作手”。

爱国华侨的楷模——陈嘉庚

姓　名：陈嘉庚
籍　贯：福建集美
生卒年：**1874～1961**年
地　位：著名的爱国华侨首领

提起陈嘉庚先生，很多人都不会觉得陌生。在我们的历史课本中，他是一个经常被提及的名字，不仅是因为他的财富，他的波折经历，更是因为他作为一个华侨，对发展内地教育事业的拳拳赤子之心。今天，漫步在著名学府厦门大学，看着这个美丽学府的一草一木，更是让人感慨万千，这些都是陈嘉庚先生散尽家财办教育的硕果。

父债子还

陈嘉庚的家庭是个华侨世家，他出生的时候，父亲正在新加坡经营米店和一家小厂，他自幼由母亲抚养长大。陈嘉庚17岁时，父亲让他到新加坡去见见世面，于是他告别母亲，孤身前往南洋。

勤恳聪慧的他并没有公子哥的气派，而是虚心地R艮着店里面的老伙计学习怎样管理，很快就成了父亲的左右手。

他25岁时，母亲病逝，听到噩耗的陈嘉庚立即回乡葬母。守完3年母丧归来的陈嘉庚发现，因为父亲的妾生子趁陈嘉庚不在，肆意挥霍，导致曾经兴隆的米店此时已生意萧条，负债累累，外债达到30多万元，面临破产的边缘。

按照新0口坡法律,父亲的债务不必由儿子偿还,况且陈嘉庚身无分文,也没有偿还的能力,但深受儒家教育的他面对父亲的凄凉,毅然承担起了债务,接过了这个烂摊子,当时他还不到31岁。从此,这个杰出的企业家开始了自己独立的商业之旅。

著名的实业家、企业家

独自创业的道路是艰难的,何况陈嘉庚的资金非常有限。他首先将投资放进了投资少、周期短、回报快的菠萝罐头业,再加上创意新颖,他获得了丰厚的利润。后来,根据时势的发展,他首创橡胶制品大规模生产,促进了侨居地民族工业的发展。他将橡胶制品及其附属产品直接输出到国际市场,在华侨中第一个打破英国资本的垄断局面。他还培养了成千上万的企业家和技术人才。后来因日本胶制品在东南亚削价倾销,加上资本主义世界经济危机的冲击,他的企业每况愈下,终于在1934年全部关门。那些经营高风险行业的人,赔钱的很多,但陈嘉庚总能审时度势,从不急功近利,运筹帷幄,把握最好时机,当机立断地做出决策,并且一直恪守生意人的诚信,十几年商海的打拼,终于使他成为著名的大实业家,同时也成为一名优秀的华侨领袖。

名副其实的教育事业家、教育家

在发展事业的同时,陈嘉庚并没有忘记自己的家乡——福建集美。他认为振兴工商业的目的在于报效祖国,一个国家得以兴盛的关键在于提倡教育。陈嘉庚立志将一生所获的财利,都用来发展教育。

他说到做到,20岁时在家乡创办"惕齐学塾",30岁时又创办集美小学,以后他与胞弟陈敬贤先生一起,边集资边办学,办学规模不断扩大,先后在家乡创办了包括幼儿园、小学、中学、师范、水产、航海、商业、农林等校在内的集美学校和厦门大学,资助了闽南20个县市的110多所学校。在侨居地新加坡倡办和赞助了道南小学、爱同小学、南侨中学、南侨师范、水产、航海等许多学校。

他用于办学的资金超过1亿美元，几乎等于他的全部家产。人们亲切地称陈嘉庚先生为“校主”。

有人以为，陈嘉庚办校的目的无非是想提高自己的声誉和社会影响力。但陈嘉庚办学的目的并非如此，他没有把它作为一种可经营利用的资本，相反他不断为其加大投入，甚至做出了巨大牺牲。自1926年起，陈嘉庚为了不中断集美学校和厦门大学的经费，做了许多努力，在资金紧缺时，他甚至低价出售了橡胶园。1929年，资本主义世界经济危机爆发。当时，陈嘉庚的公司积欠银行债款近400万元，而公司资产仅有200多万元，已是资不抵债。以英国汇丰银行为首的债权银行要求陈嘉庚停止厦门大学的经费，但被陈嘉庚断然拒绝了。他认为自己不能也不应放弃，学校办起来了，就得维持下去，一旦关了门，再想恢复起来就难上加难了。学校倘一关停，不仅会耽误青少年的前途，更重要的是会波及整个社会，那罪过就不只一点点了。如果因为负担不起学校的经费而生意失败，却只不过是个人事业上的受损。

陈嘉庚不仅是一个教育事业家，而且不愧为一个教育家。在长期办学的实践中，他自己也形成了一套教育体系：首先，他反对重男轻女，提倡女子教育，大力倡办女子学校，让女孩子能上学，这在当时的历史条件下开了先河，是难能可贵的。其次，他强调优待贫寒子弟，奖励师范生。他反对办学分贫富，尽力帮助贫寒子弟上学，同时，他非常注意师范生的培养，严格选择和物色师资人才，对于好的加以奖励。再次，他讲究教学质量，注重对学生的全面培养。陈嘉庚从办学开始，就一直注意“德、智、体三育并重”，强调全面发展。第四，他主张“没有好教师，就没有好学校”，强调要确立教师在学校的主导地位，他认为要办好学校，关键在于领导和教师，“千军易得，一将难求”，要提高教学质量，很重要的一条，就是“要选教师”，因此，他十分重视选择校长和教师。第五，为了振兴实业，培养生产技术人才，他倡办职业技术教育。第六，他要求普及教育，并订下同安“十年普及教育计划”，设立同安教育会和教育推广部。可以说，他为教育事业奋斗了一生。

伟大的爱国主义者

陈嘉庚早在1910年加入了同盟会，募款支持孙中山的革命活动。后来，他一再反对日寇侵略，筹款救灾抵制日货，即使工厂被焚，亦在所不惜。“七七事变”之后，他在新加坡组织“南洋华侨筹赈祖国难民总会”，首先把南洋各属1000余万华侨组织起来，募集巨款援助祖国的抗战。1940年，他率领南侨慰劳团回国视察各战区。访问延安时，通过所见所闻，综合观感，他认定中国共产党是中国人民的希望，表示衷心拥护。1942年，日寇攻占新加坡，他被迫避难印尼，在这期间，陈嘉庚作了自称“俚句”以明志的述志诗，有四句这样写道：“爪哇避匿已两年，潜踪难保长秘密，何时不幸被俘虏，抵死无颜谄事故。”他搞到一小包“氰化钾”藏在怀里，随时准备以身殉国，表现了他崇高的民族气节。

1945年日寇投降，他安全回到新加坡，受到500个社团的联合欢迎。同年11月8日，重庆团体举行“陈嘉庚安全庆祝大会”。毛泽东给他高度评价，称他为“华侨旗帜，民族光辉”，周恩来及王若飞的祝词“为民族解放尽了最大努力，为团结抗战受尽无限苦辛，诽言不能伤，威武不能屈，庆安全健在，再为民请命”，传诵于海外。

陈嘉庚先生忠公谋国，无私无畏，当国民党当政之时，他反对汪精卫对日言和，斥责汪为汉奸卖国贼，后又反对蒋政权贪污独裁，致电美国总统，抗议美国支持蒋介石集团发动内战，并公开声明不承认伪总统和美蒋条约。

1949年，他应毛主席的电邀，回国参加开国大典。他看到伟大祖国站立起来了，决心定居祖国，为祖国建设服务。他历任中央人民政府委员、归国华侨联合会主席，当选全国人民代表大会常务委员、全国政协副主席。他虽已至耄耋之年，仍不顾舟车劳顿，奔波于神州大地，致力于祖国社会主义建设事业，并致力于推动华侨爱国大团结，鼓励华侨支持祖国和家乡建设。他生前叮嘱“把集美学校办下去，把300万元存款捐献给国家”，并一再呼吁祖国统一，他在弥留之际还对台湾的回归深表关切，体现了一个爱国者的赤诚之心。

为感谢他的无私奉献，中华人民共和国给予其国葬，灵柩运回集美，安葬在家乡，以告慰这位曾经辉煌、博大无私的爱国华侨。

中国船界的老人哥——卢作孚

姓　名：卢作孚(原名魁先，别名卢思)

籍　贯：重庆市合川

生卒年：1893～1952年

地　位：著名的爱国实业家、教育家、社会活动家

外国人亨利·凯赛尔曾说："世界上有史以来航运事业的发展，都是由海洋而江河，由下游而上游，唯独卢作孚先生的民生公司，是由江河的支流发动，由上游而下游，这是一个奇迹。"更为主要的是，1925年，民生公司在长江上的出现，彻底打破了英、美、日、德、意、瑞典、挪威、芬兰等外国商船一统中国航业的局面，为中国赢得了另一个奇迹。在世界航运史上，中国的民生航运公司算得上鼎鼎有名。将它一手经营起来的"中国船王"卢作孚，至今仍有许多小故事流传在民间。

远大的志向

卢作孚出生于四川一个贫困的农家，小时候的求学经历充满了坎坷。父亲因为吃够了目不识丁的苦头，所以咬紧牙关，把卢作孚和哥哥卢志林送进了学堂。由于家境贫苦，学业屡屡中断，兄弟俩曾经三次离开学校，但对知识的渴望，使卢作孚不曾放慢追求真知的脚步，他始终相信知识可以改变他和家人的命运。他的兴趣很广，数学、英语、历史、政治，上下古今，天文地理，他小小年纪就都能说出个所以然来。18岁时，他加入了孙中山领导的同盟会，

发誓要以振兴中华为己任。

1924年，卢作孚到成都创办民众通俗教育馆，担任馆长，他集中了成都各种工程技术人才和文学艺术专家，充分发挥了他们的才智，在少城公园内建起了陈列馆、博物馆、图书馆、运动场、音乐演奏室、游艺场、动物园等文化娱乐场所，很是红火了一阵，但好景不长，又重蹈川南教育实验的覆辙。自此，卢作孚转而产生了“实业救国”的念头，而他瞄准的方向，是被称为“各业之母”的交通运输业。于是，他于1925年秋弃学从商，奔回四川，创办了民生实业公司，设想以办轮船航运业为基础，兼办其他实业，把实业与教育结合起来，促进社会改革，以达到振兴中华的目的。

创业的艰辛

30岁时，卢作孚决定成立一家航运公司。他要改变“蜀道难，难于上青天”的历史，方便人们来往于四川与其他省份之间。可当地的军阀刘湘对此根本不予理睬，卢作孚上门求见时，刘湘故意让他在客厅里坐了个把小时的冷板凳，才一脸傲慢地踱出来。

卢作孚主动寒暄了几句，就开门见山地切入正题。他说：“自民生公司创立以来，出入贵防区，常常因为航道不安全，影响了航运事业的发展。今天我登门拜访，就是希望刘军长能鼎力相助，在重庆与合川之间成立峡防局，保护地方上的安宁。”刘湘轻蔑地说：“为了两只破船，成立峡防局，值得吗？”卢作孚针锋相对地说：“刘军长是四川人，自然了解四川的实情。四川政治闭塞，经济落后，科学文化不发达，都是因为交通不便造成的。繁荣家乡的当务之急在于发展交通，而公路、铁路投资太大，一时难以见效，只有大力发展航运交通，才是四川的前途所在叼！”刘湘非常自负地认为四川土产丰富，不与外界来往，不发展科学技术，也能自守安逸。卢作孚对刘湘的愚昧一时也无可奈何。后来，卢作孚打听到刘湘不信科学，十分迷信，对算命先生刘从云奉若神明，言听计从。

卢作孚灵机一动，决定以毒攻毒。他不惜重金厚礼收买刘从云，请他设法让刘湘转变态度。

当时,刘湘同他的叔父刘文辉为了争夺地盘,矛盾越发尖锐。刘从云乘机故弄玄虚地说:“古人道‘一林不藏二虎,一川不容二流(暗指刘湘和刘文辉两个姓刘的人)’。根据阴阳五行,相生相克,湘字是水旁,辉字是火旁,水火相克,要水盛才能灭火!因此,凡是与水字有关的事情,你要多多关心辅助。”刘湘听得神乎其神,懵懵懂懂地请刘从云明示什么是与水有关的事情。刘从云假装毫不在意地说:“比如卢作孚办航运,不就是水上的事情吗?”就这样,卢作孚巧取到了军阀的许可,四川的航运事业也由此有了一个良好的开端。

和外国公司竞争

当卢作孚的航运公司兴办起来后,外国资本主义的航运公司便串通起来,想挤垮民生公司。外国客轮将船票价格降到一半以下,甚至让乘客免费乘船,还赠送洋伞。洋人想用这种办法,使民生公司无客可载、无货可装,关门大吉。但是,外国老板的如意算盘并没有得逞,因为外国船员一向瞧不起中国人,随意打骂欺凌,而卢作孚不一样,他告诉船员一定要尊重乘客,平等和气。

他还以身作则,常常亲自上船,和船员同吃同住,干一样的活,对乘客也是态度和蔼,扶老携幼,端茶送水,甚至为乘客提行李,打铺盖,还热情地向乘客介绍沿途的名胜古迹、风土人情。当人们知道这位跑前跑后的热心人就是民生公司的总经理时,都十分感动。乘客们都感到,乘中国船不仅生活上便利,更重要的是人格上受到尊重,所以大家都愿乘民生公司的船,有许多乘客宁可多住几天旅馆,也要等到民生公司的班船。与此同时,民生公司也尽量降低票价,员工们也纷纷表示,宁可降薪、不要年终奖金,也不能让公司垮掉,一定要与外国佬斗争到底。卢作孚的话深深地鼓励着大家:“我们要鼓足勇气,提高信心。凡是白种人能做到的,黄种人也一定能做得到!凡是日本人能做得到的,中国人也一定能做得到!”

“九一八事变”后,全国抗日情绪高涨,卢作孚不失时机地提出了“中国人不乘外国船,中国船不装外国货”的口号,使中国的航运事业得到进一步发展。民生公司更明确地提出了“服务社会,便利人群,开发产业,富强国家”的企业精神。

抗日战争爆发后,国民政府任命卢作孚为军事委员会水陆运输管理委员会主任,卢作孚坐镇武汉、宜昌等地,具体指挥。1938年秋武汉失守,大量后撤重庆的人员和迁川工厂物资近10万吨,屯集宜昌无法运走,不断遭到日机轰炸,倘若不及时处理,将损失惨重。卢作孚集中全部船只和大部分业务人员,采取分段运输,昼夜兼程,头顶日机的狂轰滥炸,经过40天的连续奋战,终于在宜昌失陷前,将全部屯集的人员和物资抢运抵达四川。这次中外瞩目的抢运行动被誉为中国的"敦刻尔克撤退"。整个抗战期间,民生公司共抢运了各类人员150余万人、物资100万余吨、遭日机炸毁船只只16艘,牺牲职工100余人。抗战胜利时,国民政府授予卢作孚一等一级奖章。这期间,民生公司自身也得到了发展壮大,还收买了由沦陷区逃出的长江中、下游华轮公司轮船70多只,最高时达到137只,36000余吨位,拥有职工17000余人。不仅独占了川江航运成为战时中国最大的航运企业,而且还控制了许多其他重要企业,除附属民生机器厂,为大后方最大的机器制造工厂外,并向矿冶、航运、机械、纺织、食品、贸易、保险、新闻等各行各业中的78个企事业,进行了大量的投资。卢作孚本人曾担任了几十个企业的董事长或董事。

正是在这种精神力量的支撑下,民生公司在抗日战争中,为国家、为民族做出了重大的贡献。到20世纪40年代末,民生公司已拥有100艘轮船、3个附属企业和95个投资企事业,成为中国近代规模最大的民族资本集团。

战后,卢作孚把长江航线的重点移至上海,以此作为向沿海、远洋发展的基地,增辟由上海到台湾、汕头、香港等南洋航线和由上海到连云港、青岛、天津、营口等北洋航线;并在台湾、广州、香港等地设立民生公司分公司或办事处;同时又与金城银行集资100万美元,创办"太平洋轮船公司",购入3艘海轮,把航线延伸到越南、泰国、菲律宾、新加坡和日本。到1949年,民生公司拥有各种船150余只,吨位72000吨,职工9000多人。中华人民共和国成立后,卢作孚于1950年6月由香港回到北京,他所组织的18艘海外轮船陆续从香港驶回大陆,他作为特邀代表参加全国政协第一届第二次会议,并担任全国政协委员、西南军政委员会委员等职。

1952年2月8日,他在重庆不幸逝世。毛泽东曾称赞他是我国四个不能忘记的实业家之一。中共中央赞许他"为人民做过许多好事,党和人民是不会忘记的"。

文化中国，百年商海——汤蒂因

姓　名：汤蒂因
籍　贯：江苏吴县
生卒年：**1916～1988**年
地　位："绿宝"金笔的创始人

汤蒂因1岁时，她被过继给膝下无予的邻居沈家，并改名为"招弟"。上学读书后，汤蒂因觉得"招弟"这个名字太俗，就恳请一位有学问的老中医为她另取个名字。老中医得知她是12月出生的，便不假思索地说了两个字：汤萼，意为像梅花那样，总在寒冬腊月绽放，显示出与众不同的铮铮风骨。没曾想，老中医的话真的灵验了，小汤萼，也就是后来的汤蒂目，在人生道路上果然屡经风雪，她也果然如寒梅一般，经风霜而不凋。

14岁抓住机遇

1916年，汤蒂因出生在上海一个贫寒的市民之家。因为父母重男轻女的思想作祟，她和同胞哥哥汤锡蒙在家里的地位和待遇却有着天壤之别，尤其表现在读书受教育上。哥哥作为家里的独子，他读书似乎是天经地义的，而且家里砸锅卖铁也要送他上大学。对汤萼就不同了，父亲常说，二个女孩家，读再多的书，都是别人家的，因此只要能认几个字，会记几笔流水账已经足够了：小学6年中，汤萼刻苦努力，毕业考时考了全斑第二名；她拿着比哥哥优异的成绩单,兴冲冲地送给父母看,提出想考务本女中:谁知父母对她的好成绩不屑一顾,并当头给她浇了一盆冷水,不准她再上学。从此,她被母亲叫上了阁楼,开始学习做针线活儿、料理家务。对这些毫无兴趣的她,这时就满腹,心酸地想:同是父母所生,为什么我和哥哥不能得到平等待遇?难道生为女子天生就没有受教育和闯天下的权利?这一切,到底是谁造成的?

汤萼丝毫没有因为被困在小阁楼上而甘愿向命运后暇:父亲是报贩出身,经常会买一些诸如《儿童世界》、《小朋友》和《小说月报》一类的杂志。这为小小年纪就被困在家里的汤萼,打开了一扇无形的窗口,并促使她看透了家中浓重的封建气氛. 从心底渐渐萌动了鹰击长空的美好愿望。

一天,早上的新闻报刚刚送到,汤萼照样像往常那样抢着打开报纸,寻找每天必读的《啼笑姻缘》连载。但这次连载小说还未看完,另一行文字却鬼使神差地跳入她的眼帘。广告栏里有一则"益新教育用品社"招收女店员的广告:"本社需要招收女店员5名,条件必须是初中毕业生。"逐字逐句地看完这则广告,汤萼心潮起伏,报纸上每天连载的曾让她着迷的《啼笑姻缘》,早巳被她抛到了九霄云外。轻轻一闪念,几乎决定着一生命运的机遇,就在这时被汤萼紧紧抓住了。她当即按照报纸上提供的地址,以十分虔诚的心情,给益新教育用品社写7一封恳切的信,信中希望能给她一次哪怕是试一试的机会。回信很快来了,同意她去应考,后来,汤萼以优秀的成绩被录取了。

艰苦奋斗

刚满14岁的汤萼,第一次有了一份属于自己的工作。她被分在了金笔柜台,这一分配,竟然让她从此和金笔结下了不解之缘。

当时她所能想到的,只是以最快的速度,掌握一溜儿摆放在自己面前的几十种各式各样、花花绿绿的金笔的性能、特点和价格,以便迅速、准确地为顾客找到需要的商品。3个月后,汤萼在柜台上已能应付自如,她不仅对柜台里的金笔价格和性能烂熟于心,而且能视顾客的地位和身份,提出深得他们满意的建议,让每个顾客都乘兴而来,满意而归。这样她和顾客便渐渐地熟识起来,与他们慢慢地交上了朋友。一些热心的顾客到店里来,有时什么也不买,仅仅是为了来看她一眼。店里回头客的增多,使金笔的销量上升,引起了老板的注意,开始对她另眼相看。

汤萼是个有心的人,她把有关金笔制造和销售的这些点点滴滴的信息,暗暗牢记在心头,连她自己也弄不明白,自己一个小小的店员,为什么会对这些如此感兴趣。一段时间下来,她惊奇地发现,自己竟然对陈列在眼前的各种金笔有种莫名其妙的留恋。她非常乐于为老板及时总结销售规律,提出一些诸如该进什么货,该向哪些学校和团体联系批发业务等建设性的意见。她发现,当时有点文化和身份的人,都流行在胸前别支金笔。经过仔细的调查研究,汤萼决定自己生产一种别具特色的金笔,取名为“绿宝”,因为绿色是亡友毕子桂深爱的,也是她自己偏爱的颜色。就在19岁这一年,她将名字改为汤蒂因。她委托一家叫“吉士”的自来水笔厂生产“绿宝”,并开始大做广告,“绿宝”很快就打开了销路。

1946年底,通货膨胀日益严重,物价一日数涨,投机倒把、囤积居奇之风大盛,“绿宝”竟也成了囤积对象,货物很快就卖光了。可是新的问题又出现了,“绿宝”的承制商故意刁难,汤蒂因成了没有货源的干老板。汤蒂因一面维持现代教育用品社的门市营业,一面筹集资金,自己开办了绿宝金笔厂。汤蒂因深知广告的作用,她以自己的满腔真诚,请出了从不做广告的越剧皇后袁雪芬,为“绿宝”做了电台广告,“绿宝”销路大增。汤蒂因的事业慢慢步入了轨道。但世上没有坦途,1948年8月,国民党政府发行金圆券。所有黄金、白银、银元都被中央银行“限价”收购。

几个月后,币制改革失败,国民党却搜刮了人民的大量财富转运台湾。汤蒂因生产金笔所需的黄金、白银等原材料无从补进,工厂很快陷入了周转不灵的境地,一份份退单像雪片一样飞来。汤蒂因十几年的奋斗顿时搁浅,几乎到了破产的边缘。

中华人民共和国成立后,汤蒂因的工厂慢慢恢复了元气,她本人的政治觉悟也有了很大提高。她的工厂是上海第二家接受国有公司收购的金笔厂。1950年开始,国家向绿宝金笔厂供应生产所需的黄金和白银,又为她提供了贷款扶持,“绿宝”不断发展壮大,产品销路大开,几度出现供不应求的局面,营业额和利润都达到了建厂以来的最高峰。1951年,上海国营日用品公司采购供应站进一步明确了同绿宝金笔厂的合同,规定向绿宝金笔厂收购80%的产品,其余的允许其自销。这虽然一时对绿宝的利润有影响,但在帮助它极大地打开销路的同时,又推动了它的扩大再生产,真正做到了产销两旺。

1953年10月,绿宝金笔厂北京分厂与国营兴业投资公司合营,成为北京第一个公私合营工厂。一年后,绿宝金笔总厂又与公私合营华孚金笔厂合并,汤蒂因被任命为这家大厂的私方经理。

这家华孚金笔厂,逐渐发展为誉满中外的英雄金笔厂,它生产的产品,从那时起就覆盖了全国。1955年,在汤蒂因的倡议和推动下,上海制笔工业全行业被批准为公私合营。同年,毛主席在上海接见了她。“我的童年是不完美的,”在成为后来的“金笔汤”、拥有了誉满中外的金笔制造公司后,汤蒂因说:“但是它教会了我去争取一个完美的人生,没有苦难,也逼不出我今天的成功。”

她坚信,凭着爱好和执着,不管在哪里,都可以干出一番事业,虽然错过了高学历,但丰富的社会阅历同样是一笔巨大的财富!

海陆称霸的世界船王——包玉刚

姓　名：包玉刚

籍　贯：浙江镇海县

生卒年：**1919～1991**年

地　位：世人公推的华人世界船王

1978年，包玉刚的海上王国达到了顶峰，稳坐世界十大船王的第一把交椅，居香港十大财团之一，并创立了“环球航运集团”。1976年，他被英国女王封为爵士。比利时国王、巴拿马总统和日本天皇，都曾授予他勋章或奖章。

从舫地到海洋

1919年，钟包村的包兆龙又喜添贵子，这位朴实的庄稼汉，高兴地给儿子取名为起然，字玉刚。“起然”意为生命之火越烧越旺，“玉刚”则是取洁身自爱，刚直不阿，像白玉般清白之意。在兄妹七人中，他是老三。儿时，父亲经常教导他，声誉和信用是为人之本。君子爱财，取之有道，包玉刚铭记在心。在镇海名流学校——叶氏中兴学校，包玉刚度过了他的学校生涯。中学毕业后，包玉刚走向社会，开始学艺：从1940年开始，他先是在上海信托局当保险部职员，后辗转到衡阳、重庆等地银行担任科长、副经理，抗战胜利后又进入上海市银行，出任副行长：1948年下半年，他辞去副行长职务，只身赴香港做生意。

刚到香港，包玉刚把有限的积蓄投资做贸易，几经波折，终于站稳了脚。在从事贸易的过程中，他发现香港背靠大陆，有着广阔的腹地，各国船只往来于此，是个自由港，未来的航运业必定会大有前途，便决意转行。父亲包兆龙老人认为做房地产生意有了56.4763万吨的世界上最大的油轮“海上巨人号”。再后来，他的船队迅猛发展。吨位超过董浩云的1倍多，成为当之无愧的世界船王。20世纪50年代，包玉刚所经营的只是散装货轮，吨位小，租金低，赚钱不多，发展缓慢。

但俗话说：“知己知彼，方能百战不殆。”包玉刚在经营方式上选择长期出租的同时，也在思考另一个问题，在银行工作的经验让他明白资金对一个企业的重要r生，要使自己的航运事业迅速发展，光靠自己是不行的，必须得到银行的支持。原来银行不贷款给他，现在他有点经营规模了，准备再去试试。于是，包玉刚到处奔走，积极寻找门径。他找到了早年搞进出口贸易时结交的朋友桑达士，此人是香港汇丰银行的高级职员。

凭着自己流利的英语和娴熟的业务，1956年，包玉刚以一艘船向汇丰银行做抵押借款，得到桑达士的同意，取得了一小笔贷款。稍后，包玉刚得到一个用100万美元买一艘7200吨船的机会，而且也找到了租主，可是苦于缺少资金。于是，包玉刚向桑达士贷款100万美元，100万美元在当时绝对不是个小数目，桑达士认为包玉刚简直是开玩笑，一无资金，二无保证金，万一赔了怎么办，但是包玉刚利用租船人迫切心情，竟然真的弄来了一张75万美元的“信用状”，桑达士对这个年轻人的毅力算是彻底折服了，他同意贷款给包玉刚。这次“空对空”的胜利是包玉刚与汇丰银行建立借贷关系的开始。在后来无数次的借贷合作中，他以诚信为本，取得了银行的信任和支持，使自己事业的发展有了一个雄厚的资金来源。后来，包玉刚作为“亚洲第一人”荣任汇丰银行董事。

1967年，正是欧美工业的复苏期，中东石油急需运输。包玉刚审时度势，购买油轮，成立环球航运集团。但随之而来的情况并不乐观，欧美石油公司和其他租户只相信希腊船王奥纳西斯·尼亚科斯和挪威船王力瑞斯坦，而对中国的船东、船只不屑一顾，认为华人船只年代久、管理差、状态不好。加之，包玉刚初出茅庐，外国人对他并不了解。包玉刚并不泄气，他决定要靠自己的能力，使中国人在外国人面前扬眉吐气。他开始四处奔走，遍访于欧美各石油公司，许诺担保，如不能保质保量把石油运到卸货港口，自愿接受罚款，赔偿损失。终于，美国ESSO石油公司被他的诚恳打动了，经理戴维·细顿答应试一次,租了他4艘小油轮。包玉刚亲自指挥,经过严密计算,统筹安排,精确无误地核定小型油轮运送的日期,夜以继日地组织、调度人员,终于按照合同提前几个小时完成任务,并且保质保量。ESSO公司经理戴维·细顿非常满意,连叫"OK"。此次合作成功,为包玉刚和他的公司开创了一条成功之路。从此,他的公司渐渐跻身国际航运界。

成功的经营

20世纪60年代,包玉刚与上海汇丰银行的首脑联手成立"巴哈马世界海运有限股份公司",汇丰银行股份占1/3。1970年,他们再度合作,成立"环球船运集团有限股份公司",汇丰入股45%。1972年,包玉刚在百慕大宣布成立"环球国际金融有限公司",自任董事会主席。到1975年,事实上包玉刚已超过了希腊船王奥纳西斯,成为真正的"世界船工"。

1978年9月,包玉刚接手李嘉诚的九龙仓2000万股票,接着在10天之内又吸入1000万股,一下子占了九龙仓30%的股票,大大超过了对手怡和洋行。怡和洋行不BK气,不惜出高价收购九龙仓股票。而包玉刚出其不意地突然宣布,把九龙仓股票转卖给下属的一家上市公司。香港报纸评论道:"转此一手是名转实不转,不但不是退却,反倒是做好了决战的准备,真不失为一着进可攻退可守的妙棋!一旦得手即可得到九龙仓,一旦失利赔掉一个隆丰,就能推卸全部法律责任,此乃丢车保帅的高招。"怡和洋行也准备决一死战,宣布愿以两股置地股票外加一张债券(总价值1130港元)兑换面值仅10港元的九龙仓股票。而包玉刚早有准备,两天之内付出20亿港元,以每股出资105港元,收足2000万股票,以拥有5000万股票的绝对优势压倒了十台和洋行,出任九龙仓董事会主席。包玉刚此举,震惊了香港商界,人们不得不佩服"世界船王"的魄力和果断。1988年,包玉刚的总资产达50亿美元,名列香港十大财团第3位,成了名副其实的亿万富翁。1991年9月23日,香港环球航运及九龙仓集团前主席包玉刚爵士去世。

"我的人生起码100多分"——霍英东

姓　名：霍英东

籍　贯：广东番禺

生卒年：1923～2006年

地　位：港台的亿万富翁，资产过百亿，1993年当选为香港足球总会会长、永远的名誉会长；先后任国际足联执委、世界羽毛球联合会名誉主席、全国政协副主席

《大公报》的报道说，霍英东的一生是传奇的一生，也是爱国爱港爱乡的典范。他毕生的梦想是见到国家兴旺，民族富强。多年来，他不断投入自己的财富、心血和精力，一心一意地为实现祖国现代化而努力，并为内地的发展做出了巨大的贡献。霍英东曾经说过："我本人不在故乡做生意，家乡的利润，基金会的一块钱也不取!投资，捐赠，目的只有一个，就是希望国家兴旺，民族富强。"

姐姐的压岁钱

在亿万富翁当中，霍英东的出身也许能算得上是最苦的一个。霍氏一家七口生活在海里的舢板上，以卸货为生，挣的是血汗钱，一家人艰难地维系着生活。舢客的生活充满了危机，爸爸和两个哥哥在一次出海时，遭遇风暴，葬

身海底。母亲只好带着霍英东和两个女儿，搬进了棚户区，同另外50多家人，同住一幢破旧的大套房。这里一半的人都患有肺病，经常有人死去。母亲勉强维持着驳运的生意，同时还为船员洗补衣服，勉强维持着家人的吃喝。因为不识字，母亲常常在经营中吃亏，但她宁可自己多吃苦，也不让霍英东当童工，坚持送他去免费的小学读书。霍英东天性聪明，学习十分刻苦。考试长期保持在前三名之内，倘若考试成绩跌出三甲，他就会觉得羞愧，感到对不起母亲和姐妹。12岁那年，霍英东以优异的成绩拿回了小学毕业证书，他对母亲提出要打工挣钱来贴补家用。可母亲没答应他，而是鼓励他继续读书，于是全家人节衣缩食，把霍英东送进了香港有名的皇仁书院读中学。皇仁书院每个月5元钱的学费对于他们这样贫困的家庭，无异于一个天文数字。第一次交学费时，母亲四处筹措，仍然没凑够5元钱。这时，他14岁的姐姐，默默取出了自己多年积攒下来的压岁钱——一枚枚铜币，心甘情愿地交给弟弟做学费。

霍英东把这一切都牢牢地记在心里，化为自己勤奋读书的动力。每天晚上，他还要帮母亲做账、送发票，然后才能坐下来，一直读书到深夜。他读到中学三年级时，家里再也交不起学费，而霍英东也不愿再死啃书本，他恳求母亲说："我已经是18岁的男子汉了，让我干活吧！我要让你们过上好日子！"母亲终于辛酸地默许了。赤手空拳的霍英东，从香港社会的最底层，开始了他的奋斗。

艰难的打工生涯

霍英东找到的第一份工作，是在一艘日式的渡轮上当加煤工。可是因为身体过于瘦弱单薄，他无法同时兼顾铲煤与开炉门，干了没多久就被老板辞退了。不久，日占军扩建启德机场，需要大量劳工，但工资非常低，每天只给半磅配给米和7毛5分钱。7毛5分钱连从霍英东家所在的湾仔到机场的车费都不够，出于无奈，他只好多吃苦跑路，省下这笔交通费。他每天天不亮就起床，步行赶到码头，花角钱渡过海，然后骑车赶到机场上班。

劳工们干的都县苦力活，挖石抬石，体力消耗很大，但食物很少，一天只能吃到一碗粥和一块米糕，霍英东总是感到又累又饿。有一天，工头让他去搬重达50加仑的煤油桶，结果被砸断了一根手指。那工头也是中国人，出于同情，把霍英东调去学做汽车修理工。可是没过多久，霍英东自己试开汽车时，把车撞坏了，又被炒了鱿鱼。

后来，霍英东又曾在一家杂货店管理店务。那个店虽然小，生意却很红火，有时他必须面对十几个顾客，应酬稍不周到顾客就会掉头离去。他尽量做到眼快、嘴快、手快，留住顾客，做好生意。这种实际训练培养出了他灵活的处事方法和敏捷的算术头脑，为他以后做大生意打下了坚实的基本功。小店开门早关门晚，没有星期天，没有节假日，霍英东自然非常辛苦，但在他的手下，小店的经营却很有起色。

创业传奇

第二次世界大战结束后，霍英东终于以敏感的眼光，捕捉到了一个发财的机会。日本侵略军投降后，留下了很多机器设备，价钱{臁，稍加修理就可以使用，或者直接转卖也能赚上一笔。霍英东动了念头，他开始频繁关注报纸纸，专门注意上面关于拍卖日军剩余物资的消息，及时赶到现场，以内行的目光挑选出那些有价值的机器设备，大批买进，迅速修好后卖出。但由于缺少资金，他难以施展拳脚，大干一场。有一次，他看准一批机器，并且在竞买中以1.8万港元中标。他兴高采烈地回家请母亲凑钱交款，可母亲在生意上并不信任他，也不肯给他钱去冒险。眼睁睁看着一笔大买卖就要落空，霍英东十分着急，幸亏有一个工厂老板也看中了这批货，愿意出4万港元从他手中买下，霍英东净赚了2.2万港元，这是他在那几年中赚到的最大一笔钱，并且为霍英东积累了最初的资本。

朝鲜战争一结束，霍英东就预料到，香港航运事业的繁荣，必定会带动金融贸易的发展，而这又将促进商业及住宅楼的开发，于是他抢先把经营重点转向了房地产开发。1954年12月，霍英东拿出自己的120万港元，另向银行贷款160万港元，在香港铜锣湾买下了他的第一幢大厦，并创办了“立信建筑置业有限公司”。

开始,他也和别人一样,自己花钱买旧楼,拆了后建成新楼逐层出售。这样当然可以稳妥地赚钱,可是由于资金少,发展就比较慢。霍英东一直在探索着一个更好的方法。有一天,有个老邻居到工地上找他,说是要买楼。霍英东抱歉地告诉他,盖好的楼已经卖完了。邻居就指着工地上正在盖的楼,提出要买这栋中的一层,霍英东灵机一动,提出要先付订金,邻居笑着答应下来,并承诺等到交房后会把余款付清,两人就这样成交了。这个偶然的事件,使霍英东受到了启发。他立刻想到,他完全可以采取房产预售的方法,利用想购房者的订金来盖新房。这个办法不但能为他积累资金,更重要的是还能大大推动销售。按照传统的买卖模式,一手交钱,一手接屋,就得准备好几十万元的现金,一般人难以一下子拿出那么多钱,只有少数有钱人才能买得起房产,而采取新的房产预售的办法后,只要先交付10%的订金,就可以购得即将破土动工兴建的新楼。也就是说,要买一幢价值10万港元的新楼,只要付1万港元,就可以买到所有权,以后分期付款。这对于房地产商人来说,好处是显而易见的,利用人家交付的现金,他们原来只够盖1幢楼的钱,现在就可以同时动手盖10幢楼,发展的速度大大加快。对于购买房产的人来说,也是有利的,先付一小笔钱,就可以取得所有权,待到楼房建成时,很可能地价、房价都已上涨,而已付定金的买方只要把房产卖掉,就有可能赚一大笔钱。因此,很快就有一批人变成了专门买卖楼房所有权的商人,这就是后来香港盛行的“炒楼花”,霍英东把这叫作“房地产业的工业化”。

这一创举使霍英东的房地产生意顿时大大兴隆起来,一举打破了香港房地产生意的最高纪录。早年的艰辛、挫折和磨炼,使他不仅取得了经验,更一路积蓄起力量,把握机会,他坚信自己总有崛起的一天。正是这种不灭的信念,让他经过十几年的奋斗后,成为房地产界的头号人物。

华人电脑的第一把交椅——施振荣

姓　名：施振荣
籍　贯：中国台湾省彰化县
生卒年：**1944**年～
地　位：他创立的宏基集团是台湾第一大资讯公司和最大的自创品牌厂商，同时也是全球第三大**PC**制造厂商，也是台湾产业发展的自创品牌成为推动国际化的先驱

宏基，一个在几乎没有品牌的环境中成长起来的世界名牌；一个世界上股权最分散的上市公司；一个像小公司一样迅捷抓住互联网的大企业。宏基集团，创造了中国人自己的电脑品牌。董事长不仅以他出色的企业家才能成为电脑业响当当的人物，更以宽广的胸怀赢得大家的尊敬。施振荣由于具备前瞻性、创新性、世界观与社会责任感，而成为国际媒体经常报道的焦点。

鸭蛋的启示

施振荣出生在一个穷苦的家庭。父亲在他3岁时就因病去世，留下他和母亲相依为命。为了儿子，母亲一生守寡，付出了巨大的心血。而母亲这种坚韧的性格给年幼的施振荣很大的影响。就这样，母子二人互相扶持着走过艰难，当时为了谋生，母亲卖鸭蛋、文具，织毛衣，甚至一度摆起了槟榔摊：幼小的施振荣也帮助妈妈在店里卖鸭蛋和文具。

在帮助母亲做生意的过程中，施振荣发现这样一个有趣的现象：鸭蛋3元

1斤,只能赚3角,只有10%的利润,而且容易变质;文具的利润高,做10元的生意可赚4元,利润约40%,而且摆着不会坏。看起来卖文具比卖鸭蛋好,但实际上卖鸭蛋远比卖文具赚得多。

为什么会这样呢?

经过思考,施振荣终于明白了,鸭蛋利润薄,但最多两天就周转一次;文具利润高,却有时半年、一年都卖不掉,不但积压成本,利润更早被利息吃光了。鸭蛋利薄,但是多销,所以禾旧闰远大于周转慢的文具。这种"薄利多销"的方式对他产生了很大震动,后来,施振荣在宏基也使用了这种模式,给企业带来了巨额利润。

但经商毕竟不是出路,母亲一直期望的是孩子在学业上的成功,而施振荣也不负母亲之望,年年考第一名,最后考上了台湾交通大学的电子工程学专业。大学毕业后,他又以第一名的成绩考入本校电子研究所继续深造,1971年获电子硕士学位。

错误的任命

毕业后,施振荣不愿做高级打工仔,他要自己办公司,在电脑业创出一片天地!他对自己的事业提出的口号是:"要做猪八戒也会用的电脑。"这个口号其实强调的就是让电脑人性化。从他的创业经历来看,正是因为这种对人性的关怀,才有了今日的成功。

创业中的磨难大大超出了施振荣的想象,在他的小公司逐渐走上正轨时,为了更快地进入世界领域竞争,施振荣专门高薪聘请美国电脑界声誉最高的华人刘英武,高兴地称他为宏基全球扩展的"秘密武器",并把经营决策权交给了他。

刘英武将他在IBM所学到的经验应用在宏基上,而大家都没有想到这种不假思索的照搬会招致那样大的恶果。

在一次收购德国公司的过程中,施振荣原本打算只买当地子公司一半的股份,但刘英武坚持按照IBM的方式购买100%的股份,公司开始出现亏损。同样致命的错误也犯在购买美国一家微机公司上,宏基以9000万美元高价买下这家公司,却陷入了怎样分派原有公司经理们的解雇费的困境中。这样的扩张不仅给公司带来了空前的危机,员工辞职、财务空缺……施振荣也逐渐意识到对刘英武的任命是一个错误。他诚恳地检讨说"我认为IBM是世界上管理最好的电脑公司,刘英武理所当然比我更有能力和经验。但他不是企业家,我对他授权太多了、太早了。"但是施振荣没有因为公司出现财务亏损而责备刘英武,而是自己在1992年向董事会提出辞去董事长职务。这种敢于承担责任的胸怀和面对挫折的勇气,让公司上下都非常感动。董事会拒绝了他的辞职,并公布了一个联合声明:"我们钦佩和相信施董事长的杰出的领导才能。"不久,刘英武离开了宏基。挫折中的宏基慢慢地恢复过来。

信奉挑战哲学

53岁的施振荣,宏基的创始人,一个信奉挑战哲学的企业首脑,现在已有了拓展销售的新途径。他发现当今的电脑巨人,包括苹果、康柏和惠普等公司,都要从原件制造商那里购买存贮芯片、驱动器、显示屏及其他部件,而后再印上自己的品牌标志。施振荣认定宏基应从原件制造开始。现在宏基出品的笔记本电脑通常被印上了日本公司或德国西门子公司的商标。原件制造为宏基赢得了29%的营业收入。当然,宏基也生产自己的品牌电脑。

施振荣把自己的经营方法称为"快餐战略"。宏基保证为每位零销商提供"最新鲜的配料"。宏基设在中国台湾和马来西亚的生产厂以及设在曼谷和布宜诺斯艾利斯的装配厂,可以随时为零销商就近提供最新的技术服务。这不但降低了运输成本,还使得宏基能够以比康柏低5%到10%的价格称霸全球。

由于建立了完善的产销构架,宏基几乎不需要依靠任何一家原件制造商就可以生产出最热门的电脑。施振荣可以毫不夸张地说,他的电脑款款都是经典之作。用他自己的话来说:"我们的电脑就像麦当劳的汉堡包一样脍炙人口。"施振荣最引人注目的便是他的想象力。他的目标是建立一种全新的跨国公司,通过"三大赢的策略"来实现,即用以改造流程的"快餐店模式"、用以改造组织的主从架构和在新的经营学下产生的"全球品牌,结合地缘"。施振荣的雄心不仅局限于建立一个新的国际化管理模式，他也梦想在微处理器基础上扩展大量生产新产品的生产能力。这些新产品包括数码电话、价廉物美的传真机。他将准备引进一种新的多媒体放映机，这种放映机集电视、电子游戏机和光盘放映于一身。施振荣的目标便是要“挑战日本在消费性电子行业的霸主地位”。

成功的管理经营

精明的施振荣不做悲剧英雄，他宁愿顺势而为。例如，宏基在20世纪80年代做电动玩具，就跟着美国大公司。施振荣时时承认，宏基可以做老二。他认为，在可预见的未来，以硅谷为代表的美国高科技研发将继续保持全球领先地位。对于亚洲国家而言，最明智的做法是尽快学习美国新技术，争取做硅谷高科技的最快追随者。这样做的好处是：向美国人学习是免费的。另一方面，施振荣在管理和趋势上一直在寻找美国观点以外的新路。施振荣无疑也是提出管理新理论最多的亚洲企业家，诸如微笑曲线、超分工整合、竞争力公式、联网组织等新观念不断涌现。面对知识经济、“专精多元”的格局，施振荣提出了主从架构等理论，他自认主从架构为全球化的第四种模式。日本模式就像大型电脑主机的架构，美国模式像分散式的中型电脑，欧洲模式像各自独立的电脑，而宏基的模式——从“全球品牌，结合地缘”演变到“主从架构”这样的网络形态的组织。

知识经济是一个超分工整合的社会，在联网组织下的个人或团队，有两件事情很重要：第一，在分工的领域中独立且专精；第二，要有团队精神，成为虚拟梦幻团队的一员，因为自己专精的只是分工的部分，但是要懂得如何与别人整合、合作，才能发挥最大效用。施振荣不仅善于以远景贯彻领导，还善于建立远景。有人认为，施振荣太过于画大饼，好高骛远。但施振荣不以为然，他说：“画大饼至少能够吃到小饼，大家会拼命朝那个目标跑。画小饼，你就只能吃芝麻了。”施振荣曾以“群龙无首”比喻宏基分散的管理模式。他指出，由于宏基是变化快速的信息应用产业，不是以纯制造为主，不适合制造工厂中央集权式的管理方式，所以必须用授权、沟通而非命令的方式管理。在

这种模式中，领导者更重要，必须要给员工一个远景，当一条“有灵性的龙”，有担当地带领组织适应变化而成长。远景不在于是否能实现，而在于能否激发热情，迈向远景。远景提出后，施振荣从不放弃。他想尽方法，利用各种场合，说服员工接受远景。他在飞机上、旅途中，观察、思考、谈话，搜集素材，找寻新例子。从小木讷害羞的施振荣，长大后却善于运用语言魅力，精于沟通。他的口号往往精简，却深入人心，例如天蚕变、龙腾演习，都具有中国风味。每句话里更是动词连连，能号召听者立起而行。他建立远景，热诚沟通，培养可以执行他远景的人。施振荣说，真正的人才，是能培养人才的人。

他奔波于世界各国，主办总经理训练班，亲授商场秘诀，训练第三代宏基接班群。在公司内，施振荣成立CEO俱乐部，让40岁以下的第二代、第三代能共聚一堂，交换工作经验。他要求第一代总经理成立伯乐俱乐部，在公司外寻觅人才。宏基又为这些人组建千里马俱乐部，彼此切磋商场心得。

施振荣的下一个宏伟目标便是使宏基的年营业收入在20世纪末翻一倍，达到100亿美元。由于施振荣杰出的管理才能，1995年，《世界经理人文摘》评选施振荣为“全球15位最能创造时势的企业家”之一；次年，他被美国《商业周刊》选为“全世界25位最佳企业总裁”之一。曾为挽救宏基心力交瘁而昏倒在住宅电梯里的施振荣“笑在了最后”。